Konrad Meisig

Klang der Stille

Der Buddhismus

Kleine Bibliothek der Religionen

Herausgegeben von
Adel Theodor Khoury

Band 1

Konrad Meisig

Klang der Stille

Der Buddhismus

Konrad Meisig

Klang der Stille

Der Buddhismus

Herder

Freiburg · Basel · Wien

Die Deutsche Bibliothek – CIP-Einheitsaufnahme

Konrad Meisig:
Klang der Stille : der Buddhismus / Konrad
Meisig. – Freiburg ; Basel ; Wien : Herder, 1995
(Kleine Bibliothek der Religionen ; Bd. 1)
ISBN 3-451-23841-1
NE: GT

Umschlaggestaltung: Finken und Bumiller, Walddorf
Satz: Satzbüro Barbara Herrmann, Freiburg
Druck und Bindung: WB-Druck, Rieden 1995
Gedruckt auf umweltfreundlichem, chlorfrei gebleichtem Papier
ISBN 3-451-23841-1

Inhalt

Einleitung

Buddhismus als Erlösungsreligion

Religion ist das Streben nach außerweltlichem Heil. Diese Definition macht das Verständnis von Religion nicht abhängig von einem Gottesbegriff, schließt aber Götter natürlich auch nicht aus, sondern bezieht vielmehr solche Formen von Religion mit ein, die ohne Götter auskommen. Wie zum Beispiel den Buddhismus.

Wenn aber die Existenz von Göttern, oder eines Gottes, nicht das wesentliche Erkennungsmerkmal eines religiösen Phänomens ist, was ist es dann? Gemäß der zugrunde gelegten Definition ist es das Heilsstreben. Diese Definition trifft auf den Buddhismus zu, denn sein existentieller Ansatzpunkt ist das Streben nach Heil, und zwar, buddhistisch ausgedrückt, das Streben nach Erlösung, im Sanskrit *mukti*, nach Loslösung, Lösung von allen weltlichen Bindungen, also das Streben nach außerweltlichem Heil. Diesem Erlösungsstreben können Götter nicht weiterhelfen, der Mensch, jedes einzelne Individuum muß sich, der ältesten buddhistischen Lehre zufolge, selbst erlösen. In diesem Sinne also ist Buddhismus eine Religion.

Demnach gibt es zwei Arten von Menschen. Es gibt den religiösen Menschen, und den weltlichen. Der weltliche Mensch geht von dem aus, was die Welt ihm zu bieten hat, von den innerweltlichen Gegebenheiten. Sein Wertesystem, sein Begriff von Moral, von zwischenmenschlichem Zusammenleben, seine Frage nach dem Sinn seiner Existenz, ja sogar sein Streben nach Heil brauchen keine außerweltliche, keine metaphysische Verankerung. Der religiöse Mensch dagegen – sei er nun

Christ oder Buddhist – ist davon überzeugt, daß es eine von dieser Welt verschiedene, grundsätzlich andere Wirklichkeit gibt, die wichtiger ist als alles Diesseitige, eine metaphysische Instanz, an der alle innerweltlichen Werte orientiert werden müssen und vor der deshalb letztlich alle diesseitigen Belange zurückstehen. Er kann diese Überzeugung nicht rational begründen, er glaubt daran. Dieser Glaube – *shraddhâ* ist der buddhistische Ausdruck – unterscheidet ihn von dem Weltling, der seinen Glauben nicht teilt.

Buddhismus als Universalreligion

Die Erlösungsreligion des Buddhismus wendet sich nicht an profane, innerweltlich orientierte Heilssucher. Sie spricht vielmehr diejenigen an, die im Weltlichen nicht die letzte Erfüllung finden können oder wollen. Von denen aber steht sie jedem offen. Der Buddhismus kennt nämlich keinen grundsätzlichen Unterschied zwischen den Menschen, sondern bietet ein egalitäres Erlösungsmodell. Der Gedanke, daß alle Wesen in ihrem Ursprung gleich sind, wird bereits in den ältesten buddhistischen Schriften ausgesprochen; er dürfte etwa 400 Jahre vor der christlichen Zeitrechnung entstanden sein. Er gehört zu den Axiomen, zu den ebenso unbeweisbaren wie unumstößlichen Grundvoraussetzungen des Buddhismus. Der Buddhismus ist deshalb eine Universalreligion, ein nicht-hierarchisches Bekenntnis, zu dem jeder Zugang haben kann, das niemanden aufgrund seiner Herkunft oder Geburt ausschließt. Dadurch unterscheidet sich der Buddhismus beispielsweise vom Hinduismus. Der Hinduismus nämlich ist eine Volksreligion, in die man hineingeboren wird, zu der man nicht übertreten kann und die an bestimmte geographische Gebiete gebunden ist. Nicht so der Buddhismus, der etwa im fünften oder vierten vorchristlichen

Jahrhundert in Nordindien entstand, sich von da aus über ganz Asien ausbreitete, dann, nach etwa anderthalb Jahrtausenden, also um 1000 n.Chr., in seiner Heimat wieder erlosch, ununterscheidbar wurde von der Volksreligion des Hinduismus, gegen den er einst als Reformbewegung angetreten war, um erst in diesem Jahrhundert als soziale Reformbewegung mit stark säkularistischen Zügen in seinem Mutterland Indien wiederbelebt zu werden.

Buddhismus als Weltreligion

Schon in rein quantitativer Betrachtung, wenn man nämlich nach der Zahl der Gläubigen geht, aber auch von seiner geographischen Ausbreitung her gehört der Buddhismus mit seinen heute über 500 Millionen Bekennern zu den Weltreligionen, ebenso wie die andere große Religion Indiens, der Hinduismus, und die drei Weltreligionen semitischen Ursprungs, nämlich Judentum, Christentum und Islam. Von seinem Heimatland, dem Tarâî, dem südlichen Bergvorland des Himâlaya, hat sich der Buddhismus sternförmig in alle Himmelsrichtungen ausgebreitet. In die Zeit des Kaisers Ashoka, d.h. in die Mitte des dritten vorchristlichen Jahrhunderts, fällt die für die Entwicklung zur Weltreligion entscheidende Mission des Buddhismus. Sowohl von Ashoka selbst, nämlich aus einer seiner Inschriften, als auch aus den ceylonesischen Kirchenchroniken wissen wir, daß damals Missionare in alle umliegenden Länder geschickt wurden: nach Ceylon, Gandhâra (dem heutigen Nordpakistan), nach Kashmîr, bis nach Griechenland und Burma.

In der Folge spaltete sich die Tradition im wesentlichen in zwei Äste, einen nördlichen und einen südlichen. Vom Nordwesten des indischen Subkontinents, von Kashmîr und Gandhâra, gelangten buddhistische Mönche auf den alten Handelsstraßen, der südlichen Abzweigung der Seidenstraße, über den Kunjerab-Paß im Pamir-Gebirge nach Zentralasien und von dort weiter nach China. Im Jahre 65 n.Chr. ist der Buddhismus erstmals in China bezeugt. Etwa um 350 tritt der Buddhismus seinen Siegeszug in China an, zunächst unter den Gebildeten, begünstigt durch eine Renaissance des Taoismus. Bis etwa 1050 wird das chinesische Denken von buddhistischer Philosophie dominiert, dann schlägt die Entwicklung wieder um zugunsten des Konfuzianismus. Von China aus gelangt der Buddhismus weiter in die Mongolei, nach Korea, ab 522 nach Japan. Dies sind die Länder des nördlichen Buddhismus, in denen sich ganz überwiegend der sogenannte Mahâyâna-Buddhismus ausgebreitet hat, der durch umwälzende Neuerungen in Lehre und Kult entstandene Erlösungsweg des „Großen Fahrzeugs".

Dem gegenüber steht die konservative Richtung des „Hînayâna", des „Kleinen Fahrzeugs", das sich seit dem dritten Jahrhundert v. Chr. in Sri Lanka und später auch in Südostasien etabliert hat, in Burma, Thailand, Laos, Kambodscha, Vietnam und Indonesien. Heutzutage setzen sich in der buddhistischen Welt mehr und mehr zwei andere Bezeichnungen für diese beiden Hauptrichtungen des Buddhismus durch, um der Gefahr der Wertung von „Klein" und „Groß" zu entgehen, nämlich Shrâvakayâna, „das Fahrzeug der Hörer", für Hînayâna, und Bodhisattvayâna, „das Fahrzeug der Bodhisattvas", für Mahâyâna.

Der von Japan aus in neuerer Zeit weltweit bekannt gewordene Zen-Buddhismus wurde 526 von dem Mönch Bodhidharma in China gegründet, als Chán-Buddhismus: Chinesisch 禪 *chán*, wovon sich japanisch *zen* herleitet, ist eine Lautübersetzung des Sanskrit-Wortes *dhyâna*, welches „Meditation" bedeutet.

Im 7. Jahrhundert wird der Buddhismus in Tibet eingeführt. Dort vor allem, aber auch in Japan, blühte das sogenannte Vajrayâna, das „Diamantfahrzeug", auch Tantrayâna genannt, mit einer stark ausgeprägten magischen

Komponente, die obendrein mit zahlreichen volksreligiösen Elementen des tibetischen Schamanismus angereichert ist. Seit 1959 – nach dem großen Aufstand in Tibet gegen die chinesische Fremdherrschaft und der Flucht des Dalai Lama nach Indien – missionieren auch verstärkt tibetische Mönche in Indien, von Dharamshâlâ aus, dem Exilsitz des Dalai Lama.

Heute gibt es buddhistische, vor allem auch neobuddhistische Meditationszentren sowohl des Hînayâna-, als auch des Mahâyâna- und tibetischen tantristischen Buddhismus weltweit in fast allen Ländern, also nicht nur in Asien, wo, wie in Thailand, eine zum Teil sehr lebhafte Missionstätigkeit eingesetzt hat, sondern auch in Europa, Nordamerika und Australien.

Als Weltreligion ist der Buddhismus ein kulturelles Phänomen von gar nicht zu unterschätzender geistesgeschichtlicher und oft hochbrisanter politischer Bedeutung – man denke nur an Tibet oder Sri Lanka. Der Religionswissenschaftler kann an ihm paradigmatisch die Entwicklung einer Weltreligion von ersten Anfängen bis auf den heutigen Tag verfolgen.

Buddhismus als Stifterreligion

Im Jahre 1898 machte ein Archäologe namens W.C. Peppé einen sensationellen Ausgrabungsfund. Bei Piprâvâ, einem Ort in der Nähe von Kapilavastu, der Heimatstadt des Buddha in Nordindien an der Grenze zu Nepal, entdeckte er in einem Stûpa, einem buddhistischen Reliquienschrein, eine Specksteinurne mit Knochenresten, wie sie nach der Verbrennung und Einäscherung eines Leichnams übrig bleiben. Das Sensationelle an dem Fund war die Aufschrift dieser Urne. Sie lautet:[1]

> Dies ist der (oder: ein) Behälter der Reliquien des Buddha, des Erhabenen, und zwar ist er eine Stiftung der Shâkyas,

nämlich des Sukîrti und seiner Brüder, samt Schwestern, Söhnen und Frauen.

Es handelte sich also um die Knochenreste des Stifters des Buddhismus und damit um den archäologischen Beweis für die bis dahin noch umstrittene Historizität dieses Mannes, der als einer der Großen der Weltgeschichte gelten muß. Später wurden noch weitere solcher Knochenreste gefunden. Reliquien des historischen Buddha werden heute u.a. im National Museum, New Delhi, im Asakusa Kannon Tempel in Tôkyô und im Issurumuniya Mahâvihâra in Anurâdhapura, Sri Lanka, aufbewahrt.

Der Buddhismus ist mithin nicht nur Erlösungsreligion, Universalreligion und Weltreligion, er gehört darüber hinaus – wie beispielsweise auch das Christentum oder der Islam – zu den Stifterreligionen, also zu den Religionen, die von einer historischen Persönlichkeit gegründet wurden.

Der historische Buddha

Was aber wissen wir wirklich über diese historische Persönlichkeit, deren Knochenreste als Reliquien gefunden wurden? Welches sind die historisch gesicherten Fakten im Unterschied zu den legendären Zügen? Gemessen an der ungeheuren Zahl phantasievoll ausgeschmückter frommer Legenden um den Stifter des Buddhismus ist das, was an harten Fakten Bestand hat, eher dürftig. Wenn wir strenge historische Maßstäbe anlegen, bleiben folgende Tatsachen übrig. Der Name des Stifters des Buddhismus war Siddhârtha Gautama, das heißt, er trug den persönlichen Namen Siddhârtha und gehörte der Sippe der Gautama an. Bekannt wurde er unter dem Titel „der Buddha", einer Ehrenbezeichnung, die wörtlich bedeutet „der Erwachte" (Partizip Perfekt von der Sanskrit-Verbalwurzel *budh*, „erwachen"). Er entstammte der Volksgruppe

– heute würde man in Indien „community“ sagen – der Shâkya, einer der sogenannten „Stammesdemokratien“ *(gana)* der damaligen Zeit. Er wird deshalb oft auch als „Shâkyamuni“ bezeichnet, als „der Asket aus der Volksgruppe der Shâkya“. Er gehörte dem gesellschaftlichen Stand der Kshatriya an, dem Kriegerstand, wodurch die Opposition, ja Polemik gegen den Priesterstand, die Brahmanen, erklärlich wird, die sich durch die buddhistischen Texte zieht.

Seine Lebensdaten sind noch immer ungewiß, trotz der intensiven Forschung, die gerade in den letzten Jahren darauf verwendet wurde. Das Ergebnis dieser gebündelten wissenschaftlichen Bemühungen war ein negatives, nämlich eben daß das Quellenmaterial nicht ausreicht, um die Lebensdaten des Buddha sicher zu bestimmen. Er muß jedenfalls vor Alexanders Indienfeldzug gelebt haben, also vor den Jahren 327-325. Wie lange davor, ist vollkommen unsicher.

Die traditionelle Zeitrechnung des südlichen Buddhismus (abgekürzt B.E. für „Buddhist era“) beginnt 543 v. Chr., von ihren Zahlenangaben sind also 543 Jahre abzuziehen, wenn man das entsprechende Jahr der christlichen Zeitrechnung ermitteln will, z.B. schreiben wir derzeit das Jahr 2537 B.E. (=1994 n.Chr.), wobei das buddhistische Jahr dem indischen Mondkalender entsprechend im April beginnt. Diese und andere traditionellen Ären können jedoch keinerlei geschichtliche Gültigkeit beanspruchen und bleiben unbeweisbar. Der Zeitraum, in dem die Religion des Buddhismus entstanden ist, dürfte jedenfalls ungefähr das sechste bis vierte vorchristliche Jahrhundert sein, die Jahre zwischen etwa 500 und 350 v.Chr. Der Buddha gehört damit derselben Epoche an wie in China Konfuzius (551-479) und in Griechenland Sokrates (470-399).

Größere Sicherheit herrscht bei der geographischen Eingrenzung, weil es archäologische Bestätigungen für die

Ortsangaben der buddhistischen Texte gibt. Zumindest handelt es sich um Plätze, die auf eine sehr alte, ungebrochene Glaubenstradition zurückblicken können. Ob die Mutter des künftigen Buddha allerdings tatsächlich in Lumbinî, und noch dazu genau an der Stelle, an der heute das Pilgerheiligtum zu besichtigen ist, mit dem Knaben Siddhârtha niedergekommen ist, dafür wird niemand die Hand ins Feuer legen können. Buddhistische Pilgerzentren stehen also am Ort der Geburt, in Lumbinî, etwa 200 km nördlich von Benares kurz hinter der nepalesischen Grenze gelegen; in Bodh Gayâ (bei Gayâ), dem Ort des geistlichen „Erwachens", der *bodhi* (ebenfalls von der Wurzel *budh*), wo Siddhârtha Gautama das Erlebnis seiner religiösen Erleuchtung gehabt haben soll, wodurch er zum „Buddha" wurde und das „Verwehen", das Nirvâna, erlangte; in Sarnâth bei Benares, dem Platz der ersten Predigt; ferner in Shrâvastî (ca. 100 km nordöstlich von Lucknow), Vaishâlî (ca. 30 km nördlich von Patnâ), in Râjgir und Nâlandâ (bei Gayâ), alles Orte, die der Buddha als Wanderprediger mehrfach besuchte; und schließlich in Kushinagar (ca. 60 km östlich von Gorakhpur), der Stätte seines Todes, oder, nach buddhistischer Ausdrucksweise, des „endgültigen Verwehens", des Parinirvâna. Diese Orte, überwiegend auf dem Gebiet der heutigen indischen Bundesstaaten östliches Uttar Pradesh und Bihâr, markieren also das Kernland des Buddhismus, in dem diese geistliche Bewegung, die sich zur Weltreligion auswachsen sollte, ihren Ursprung nahm.

Soweit die geschichtlichen Fixpunkte zu Person, Zeit und Ort des Stifters. Alles Übrige – die immer wieder gern erzählten und gehörten, idealtypisch verbrämten Stifterlegenden, die stimmungsvolle Legende etwa von den vier Ausfahrten, auf denen der junge Siddhârtha nacheinander einem Kranken, einem Alten, einem Toten und dann einem weltflüchtigen Bettelmönch begegnet, worüber er sich so erschüttert zeigt, daß er seinerseits der

Welt entsagt; oder etwa auch die Tradition, daß der Buddha achtzigjährig gestorben sei – all dies muß aufgrund der Quellenlage in den Bereich der Fiktion verwiesen werden. Es handelt sich dabei nicht um historische Berichte, sondern um Erbauungsliteratur.

Die Lehre des Buddha und die Lehren der Buddhisten

Verglichen mit dem Christentum und dem Islam steckt die Erforschung der ursprünglichen Lehre der dritten großen Weltreligion, des Buddhismus, noch in den Kinderschuhen. An den kanonischen Texten von Christentum und Islam, also am Neuen Testament und am Koran, ist die elementare textkritische Arbeit bereits geleistet. Wir wissen, welche Suren älter und welche jünger sind. Wir wissen, welche Evangelienformeln bis in die Anfänge der frühchristlichen Tradition zurückreichen. Die religionshistorische Entwicklung von Christentum und Islam von kleinsten Anfängen bis hin zur modernen Massenbewegung ist, zumindest in groben Umrissen, zum Teil auch detailliert, rekonstruiert worden.

Über den Inhalt der frühen buddhistischen Lehre hingegen gehen die Meinungen noch immer weit auseinander. Das ist im Grunde auch nicht verwunderlich: Man muß sich bloß vergegenwärtigen, daß selbst die grundlegenden Texte des frühen Buddhismus erst zu einem kleinen Teil übersetzt sind. Der überwiegende Teil des chinesischen und auch des tibetischen Kanons ist noch nicht in europäische Sprachen übersetzt. Einer der bedeutendsten französischen Buddhismusforscher, P. Demiéville, hat einmal die frühen buddhistischen Sûtras, die Lehrtexte also, in ihrer Bedeutung mit den Evangelien verglichen. Um seinen Vergleich aufzugreifen: Man stelle sich einmal vor, von den vier Evangelien sei bislang nur das Johannesevangelium übersetzt. Die übrigen drei harrten noch der Bearbeitung, weil es zu wenige interessierte oder auch kompetente Bibelforscher gäbe.

Damit ist der vielleicht wichtigste Grund für die Misere der Erforschung der frühbuddhistischen Lehre bereits genannt. Einer vergleichsweise geringen Anzahl von Bearbeitern steht eine fast unüberschaubare Textmenge gegenüber. Diese umfänglichen Texte sind noch dazu in vielen verschiedenen asiatischen Sprachen überliefert, in Pâli, Prâkrit, in Sanskrit, Chinesisch und Tibetisch. Um den heutigen traditionell ausgerichteten Buddhismus von innen her verstehen zu können, braucht man obendrein Singhalesisch und Japanisch, bei Spezialinteressen auch Thai, Burmanisch oder Koreanisch.

Abgesehen von der Sprachenvielfalt liegt eine weitere Schwierigkeit bei der Aufarbeitung des frühen Buddhismus begründet in dem literarischen Charakter des frühen buddhistischen Schrifttums. Diese Lehrtexte sind nämlich vielschichtig, heterogen, und zwar in dem Sinne, daß sie im Laufe der Jahrzehnte oder auch Jahrhunderte literarisch gewachsen sind. Sie wurden von verschiedenen Bearbeitern und Redaktoren bei einer gemischt mündlich-schriftlichen Überlieferung mehrfach überarbeitet. Dies hatte zur Folge, daß im Wortlaut der von der Tradition kanonisierten Lehrtexte alte und junge Lehren unvermittelt nebeneinanderstehen. Wir besitzen also keine schriftlichen Zeugnisse vom Buddha selbst, sondern nur die Überlieferungen seiner Anhänger. Jüngere Lehren wurden dem Buddha in den Mund gelegt. Es gilt daher festzustellen, welche Abschnitte dieser Predigten ursprünglich sind und welche nachträglich verändert oder hinzugefügt wurden. Die einzelnen Schichten der Überlieferung sind freizulegen, Altes muß von Jungem getrennt werden.

Wir müssen also die Lehre des Buddha von den Lehren der Buddhisten unterscheiden. Und eben hierin liegt auch die Besonderheit der vorliegenden Buddhismusdarstellung.[2] In ihr sollen die Ursprünge der buddhistischen Lehre und damit die Anfänge aller späteren Entwicklungen in das Blickfeld gerückt werden. Die Zeit ist reif für eine zusammenfassende Darstellung der Lehren des *prä-kanonischen* Buddhismus, im Unterschied zu dem späteren, lange bekannten und oft behandelten Korpus des *kanonischen* Hînayâna-Buddhismus. Es geht mir also insbesondere um die Entwicklung der buddhistischen Lehre in den ersten Jahrzehnten überhaupt, von den Anfängen bis zur Kanonisierung der schon sehr unterschiedlichen, zum Teil sogar höchst widersprüchlichen Lehren, die unter der Sammelbezeichnung Buddhismus systematisiert wurden. Ich will damit die Ergebnisse der neuesten text-, literar- und formgeschichtlichen Buddhismusforschung an den ältesten Lehrtexten des Hînayâna-Buddhismus zusammenfassen. Nur auf dieser Basis lassen sich alle späteren Spielarten und Schulrichtungen der Weltreligion des Buddhismus erst einem fundierten religionshistorischen Verständnis erschließen.

Der Urbuddhismus als oppositionelle Reformbewegung

Wie jede andere Religion muß auch der Buddhismus aus seiner Zeit heraus verstanden werden – in allen Stadien seiner Entwicklung. Bereits der Urbuddhismus schwebt nicht im luftleeren Raum, sondern will Antworten geben auf die drängenden Fragen der Zeit. Dazu bietet er ein religiöses Erklärungsmodell. Sieht man den Buddhismus im kulturellen, politisch-sozialen und religiösen Umfeld Indiens um die Mitte des ersten vorchristlichen Jahrtausends, so stellt er sich dar als eine Reformbewegung, getragen von der Opposition gegen festgefügte politische und religiöse Strukturen der altindischen Gesellschaft. Wir wollen uns daher dem Buddhismus in der Weise nähern, daß wir von seinem oppositionellen Charakter, seinem Wesen als Reformbewegung ausgehen. Nach der Darstellung dieser negativen Züge, die von einer deutlichen Abwehrhaltung geprägt sind, sollen dann die positiven Neuerungen ins Blickfeld rücken, die Vorschläge, mit denen der Buddhismus auf die sozialen und religiösen Probleme der Zeit reagiert, kurzum: der Erlösungsweg des Urbuddhismus.

Sechs oppositionelle Züge lassen sich unterscheiden, mit denen der Urbuddhismus gegen herrschende gesellschaftliche und religiöse Strukturen Stellung bezieht. Diese sollen im folgenden nacheinander behandelt werden. Da ist zunächst, auf der gesellschaftlichen Ebene, der 1) *Antiklerikalismus* festzustellen, die Ablehnung des Klerus, also der brahmanischen Priesterschaft und ihres hierarchischen Gesellschaftsmodells. Die Brahmanen waren Spezialisten des altindischen Opferrituals, so ist es nur folgerichtig, wenn die Buddhisten mit ihrer Ablehnung des Klerus auch den 2) *Antiritualismus*, die Ablehnung des Rituals also, verbanden, und sich damit mit aller Entschiedenheit gegen die herrschende vedische Religion wandten. Die Opfer der altindischen Religion, der Religion des Veda, wie sie nach ihrem Schrifttum, dem Veda, wörtlich „Wissen", genannt wird, diese Opfer galten den vedischen Göttern, von denen sich die buddhistischen Heilssucher aber keinerlei Hilfe und Beistand bei ihrem Streben nach Erlösung von dem Zwang zur Wiedergeburt erwarteten, weshalb sie einen deutlichen Atheismus oder genauer 3) *Antitheismus* vertraten. Doch nicht nur den personalen Göttern wie etwa Brahmâ, dem Standesgott der Brahmanen, oder Indra, dem Standesgott der Krieger, galt die buddhistische Kritik, alles Übernatürliche, Metaphysische, wie etwa die All-Einheitsspekulation der Upanishaden, welche die monistische Lehre verkündeten, die individuelle Seele, der Âtman, sei identisch mit der Allseele, dem Brahman, wurde mit größter Skepsis und Zurückhaltung betrachtet, weshalb wir 4) die *Antimetaphysik* des frühesten Buddhismus festhalten wollen. Buddhistische Mönche waren aber keineswegs die einzigen Weltflüchtigen der damaligen Zeit, es gab eine ganze Reihe von konkurrierenden Lehren wie etwa den Jinismus, der im Gegensatz zum Buddhismus harte Askese für das geeignete Mittel zur Erlösung hielt. Doch auch dieses Extrem verwirft der Buddhismus, weshalb wir die 5) den *Antiasketizismus* verzeichnen. Die bereits erwähnten vedischen Opfer hatten den Zweck, materiellen Wohlstand in dieser Welt zu bewirken, sie dienten also letztlich dem Genußstreben. Das Streben nach Genuß aber erschien den Buddhisten keinesfalls als der Sinn der menschlichen Existenz, sie waren genußfeindlich, ja man kann von einem buddhistischen 6) *Antihedonismus* sprechen, den wir als wesentlichen Charakterzug des Buddhismus aus seiner Zeit heraus sehen müssen.

1. Antiklerikalismus

Um den frühbuddhistischen Antiklerikalismus, die Ablehnung des brahmanischen Klerus und seiner Gesellschaftshierarchie, zu verstehen, ist es nötig, kurz den gesellschaftlichen Hintergrund der damaligen Zeit zu skizzieren. Welches sind die zugrunde liegenden Ideen, die zu den überaus scharfen Polemiken und Kontroversen zwischen Brahmanen und Buddhisten führten? Wie sah das brahmanische Gesellschaftsmodell aus, in dem sie den obersten Rang beanspruchten? Und was hatten die Buddhisten diesem brahmanischen Anspruch entgegenzusetzen? Diese Fragen führen auf zwei gegensätzliche Grundtypen der Gesellschaftserklärung, nämlich auf die beiden konträren Grundgedanken von Hierarchie und Gleichheit, die sich nicht nur in Indien, sondern weltweit nachweisen lassen. Es wäre also zu pauschal, wollte man einseitig Indien als ausschließlich hierarchische Gesellschaft hinstellen, den Westen dagegen als Vorbild an Chancengleichheit und Gleichberechtigung. Es gibt in beiden Kulturen nebeneinander hierarchische und egalitäre Tendenzen. Auf deren indische Ausprägungen muß im folgenden eingegangen werden, weil sie für das Verständnis des buddhistischen Erlösungsgedankens grundlegend sind.

Das brahmanische Ständesystem und der buddhistische Gleichheitsgedanke[3]

Auch in Indien hat es, schon lange vor der Ankunft der Europäer, egalitäre Ideen gegeben, Vorstellungen, die von der Gleichheit der Wesen ausgingen. Ich möchte die Aufmerksamkeit auf den meines Wissens ältesten Beleg für das gesellschaftliche Ideal der Gleichheit aller Wesen im Bereich der indischen Kultur lenken, um zu verdeutlichen, daß neben dem hierarchischen Modell der altindischen Gesellschaft auch schon sehr früh der Gedanke der *égalité* in Indien vertreten wurde. Sehr früh – das heißt spätestens im 3. Jahrhundert v. Chr., möglicherweise aber auch schon ein paar hundert Jahre früher.

Doch ehe ich mich der Idee der Gleichheit zuwende, muß ich – wenigstens in Umrissen – das gesellschaftliche Umfeld schildern, in dem dieser Gleichheitsgedanke entstand. Im alten Indien der spätvedischen Epoche (etwa 800-600 v. Chr.) gab es ausgeprägte hierarchische Strukturen.[4] Es gab das spätvedische Ständesystem[5] mit dem Kriegerstand, den Kshatriyas, an der Spitze. Unter den Kriegern standen die Brahmanen, also der Priesterstand, gefolgt von dem Nährstand, den Vaishyas, also den besseren Handwerkern und Bauern, später auch den Händlern und Kaufleuten, und schließlich den Shûdras, dem Dienststand und unreinen Handwerken wie dem des Schlächters oder Gerbers. In diese vier Stände gliederte sich die Gesellschaftsschicht der indogermanischen Einwanderer, die nach dem Ende der sogenannten Industalkultur (2150-1750 v.Chr.) seit ca. 1500 v.Chr. von Zentralasien kommend über die Pamirpässe im Hochland des heutigen Afghanistans und Nordpakistans in mehreren Wellen in das Fünfstromland, den Panjâb, am Oberlauf des Indus, und schließlich bis in den Doâb, das Zweistromland zwischen Gangâ und Yamunâ, einfielen. Diese indogermanischen Einwanderer, patriarchalische Nomaden, die den Viehdiebstahl als rechtmäßigen Besitzerwerb ansahen – sie nannten sich selbst Âryas, die „Edlen“ –, schoben sich allmählich über die bereits in Indien ansässige Urbevölkerung, nicht ohne sich mit ihr zu vermischen. Im Gegensatz zu den patriarchalischen Einwanderern war die autochthone Bevölkerung matristisch organisiert, es handelte sich um wenig aggressive Pflanzer, Jäger und Sammler, deren kulturelles Substrat – etwa der Mutterkult – sich bis auf den heutigen Tag vor allem in den Unterschichten der indischen Gesellschaft gehalten hat, beispielsweise in den Heiratssitten und im Erbrecht mancher Stämme wie der Khâsî im Nordosten, aber auch in der dravidischen Kultur im Süden des Subkontinents, etwa in Tamil Nadu. Ergebnis dieses jahrhundertelangen Verschmelzungsprozesses war dann das indische Kastensystem, das mit ungebrochener Kraft noch heute besteht.

Im vedischen Ständesystem – um es noch einmal zu wiederholen – standen also die Krieger an der Spitze, gefolgt von den Brahmanen, dann den Vaishyas und Shûdras. Dieses tatsächlich vorhandene Ständesystem löste sich gegen Ende der vedischen Zeit, d.h. um die Mitte des ersten vorchristlichen Jahrtausends, allmählich auf und ging über in das Kastensystem. Die Brahmanen sahen dieser Entwicklung jedoch nicht tatenlos zu. Sie hielten an der alten Einteilung in vier Stände fest, mochte sie nun noch bestehen oder nicht. Aber sie führten einen entscheidenden Unterschied ein: In ihrem Modell setzten sie sich selbst an die Spitze, beanspruchten sie selbst den ersten Rang. Sie redeten damit im Laufe der Zeiten ihr hohes Sozialprestige selbst herbei.

Bis heute wird das tatsächlich existierende System der Kasten *(jâti)* mit der brahmanischen Fiktion von den vier Ständen *(varna)* verwechselt. Mit der erfolgreichen Durchsetzung ihres Vier-Stände-Modells wurden die Brahmanen zu konservativen Hütern und Bewahrern einer religiös sanktionierten gesellschaftlichen Hierarchie. Soviel – kurz und umrißhaft – zum sozialen Hintergrund.

So ausgeprägte hierarchische Strukturen mußten gegenläufige Ideen provozieren. Eine dieser Gegenströmungen war der Buddhismus, der irgendwann zwischen dem sechsten und vierten vorchristlichen Jahrhundert entstand. Nun war der Buddha gewiß kein Sozialreformer; er war Weltverneiner. Aber auch die Religion des Buddhismus mußte sich, wie jede andere, mit der Gesellschaft arrangieren, mußte zu Fragen auch des weltlichen Lebens

Stellung beziehen, ja, sie mußte eine Sozialtheorie entwickeln. Es steht außer Zweifel, daß der Buddhismus – von seinen Anfängen bis hin zum Reformbuddhismus unserer Tage – die brahmanische Stände-Ideologie ablehnt und sich als eine allen Erlösungssuchenden offenstehende Universalreligion begreift. Und so ist denn auch der Gedanke der Gleichheit aller Wesen im indischen Kulturraum erstmals in einem buddhistischen Text überliefert.

Der Mythos von der Entstehung der Welt

Bei diesem buddhistischen Text handelt es sich um den sogenannten „Aggañña-Mythos".[6] *aggañña* ist ein Wort der Sprache Pâli, der Kirchensprache des südlichen Buddhismus, in der das Schrifttum des Theravâda-Buddhismus abgefaßt ist, der deshalb auch Pâli-Buddhismus heißt. Dieses Pâli-Wort also bedeutet „vom Ursprung handelnd". Und in der Tat enthält dieser Text eine Kosmogonie, einen Weltentstehungsmythos. Dieser Weltentstehungsmythos befaßt sich mit dem in Zyklen immer wiederkehrenden Ursprung des Universums und schließlich auch mit der Entstehung des Menschen und der menschlichen Gesellschaft. Ohne absoluten Anfang und ohne absolutes Ende dehnt sich in ewigem Wechsel das Weltall aus und zieht sich wieder zusammen – eine frappierende Parallele zu modernen westlichen, naturwissenschaftlichen Welterklärungsmodellen. Wenn die Welt sich auf den kleinsten Punkt zusammengezogen hat, ist sie dreifach gekennzeichnet: durch extreme Dichte, Dunkelheit und Einheitlichkeit, ganz im Gegensatz zum Zustand der äußersten Ausdehnung, in dem extreme Weite, Helligkeit und Vielfalt herrschen.

Der Aggañña-Mythos beschränkt sich nicht auf die gleichsam „biologische" Entstehung des Menschengeschlechts; er behandelt zusätzlich den Ursprung der Gesellschaft und entwickelt eine Sozialtheorie. Diese Theorie beruht auf dem im Mythos angelegten Gegensatz von Einheit und Vielfalt, bzw. Gleichheit und Verschiedenartigkeit. Dem Aggañña-Mythos zufolge werden nämlich zum Zeitpunkt der dichtesten Komprimierung dieser Welt die dann noch existierenden Wesen als „Lichtgötter“ in einem spiegelverkehrten Jenseits wiedergeboren. Beginnt das Diesseits dann wieder sich auszudehnen, verlassen die Lichtwesen das Jenseits und treten erneut hier im Diesseits in Erscheinung, und diese Wesen sind es, aus denen später, wenn diese Welt wieder weit, hell und vielfältig geworden ist, die Menschen entstehen. Noch aber ist alles dicht, dunkel und einheitlich, und es steht in Übereinstimmung mit dieser dreifachen Struktur des Mythos, wenn die ursprüngliche Gleichheit aller Wesen bereits am Anfang ausdrücklich hervorgehoben wird. Die in dem Mythos entwickelte Sozialgeschichte beginnt nämlich mit der Feststellung, daß jene Lichterscheinungen, aus denen später die Menschen entstehen, *alle gleiche Wesen* seien. In der chinesischen Version der Sammlung der Mittellangen Texte lautet die entscheidende Stelle: 當爾之時無父無母無男無女又無大家復無奴婢唯等衆生 „Zu dieser Zeit gibt es weder Vater noch Mutter, weder Mann noch Frau, außerdem gibt es keine Großfamilien, keine Sklaven und Sklavinnen. Es gibt nur gleichrangige Wesen.“ (Madhyamâgama, Taishô-Ausgabe I 674c3-4) In Parallelfassungen lesen wir entsprechend: 各自稱言衆生衆生 „Sie nennen sich jeweils ‚Wesen‘, ‚Wesen‘.“ (Dîrghâgama, I 37c6) In der Pâli-Fassung heißt es: „Sondern als Wesen nur werden die Wesen gerechnet.“ (Dîghanikâya III 85,9) Oder in einem Sanskrit-Fragment: „Einheitlich wird ein Wesen auch nur als Wesen gerechnet.“

Für die Herausbildung der Gesellschaft wird ausschlaggebend, daß manche Wesen nur wenig, andere aber viel von einer bestimmten uranfänglichen „Erdessenz“ genießen. Die maßvollen unter ihnen behalten eine helle Hautfarbe *(varna)*, die gefräßigen werden dunkel. Im gleichen Maße, wie sie sich verdunkeln, werden ihre Körper auch gröber, fester und schwerer. Die Kreaturen verlieren ihre feinstoffliche Konsistenz. Schließlich entwickeln sie Sinnesorgane und Geschlechtsmerkmale, womit sie zu Menschen geworden sind. Es kommt zu Unterschieden zwischen den Menschen und damit zu einer gesellschaftlichen Differenzierung. Der Verlust der Gleichheit aber hat fatale Folgen für das soziale Gleichgewicht. Die bloße Differenzierung wird zur Abstufung, weil man beginnt, die Hautfarbe zu bewerten. Die hellen Wesen verachten die dunkleren. Das sind die Anfänge der gesellschaftlichen Hierarchie mit all ihren üblen Folgen. Schließlich sehen sich die Menschen gezwungen, jemanden zu bestimmen, der die staatliche Gewalt ausübt und für *law and order* sorgt. Als Gegenleistung für seine Polizei- und Richterdienste wird er von den anderen mit Naturalabgaben versorgt. Damit ist der Stand der Kshatriyas geboren, der Krieger- oder Adelsstand. Der Mythos mündet abschließend in die Schilderung der Entstehung von Priester-, Nähr- und Dienststand. Zu guter Letzt bildet sich die soziale Randgruppe der weltflüchtigen Wander- und Bettelmönche.

So wird das Phänomen der Macht erklärt als ein notwendiges Übel, das letztlich auf den Verlust der Gleichheit zurückzuführen ist. Der Aggañña-Mythos enthält damit den Gegenpol zu der im Hinduismus vorherrschend gewordenen Stände-Ideologie der Brahmanen. Während die Brahmanen für eine religiös sanktionierte Hierarchie eintreten, in der sie selbst den ersten Platz einnehmen, entwickelt die Aggañña-Kosmogonie die Utopie einer egalitären Gesellschaft der Urzeit. Der Aggañña-Mythos zeigt, daß das buddhistische Menschenbild auf dem Ideal der Gleichheit beruht. Das Ideal ergibt sich aus den Gesetzen des Mythos. Und die Kraft eines Mythos liegt darin, daß die, welche sich von ihm betroffen fühlen, ihn für zeitlos und wahr halten. Der Aggañña-Mythos war kraftvoll genug, um das buddhistische Gesellschaftsmodell schlechthin zu begründen.

Wandermönche gegen brahmanischen Klerus

Die frühesten Schichten des buddhistischen Schrifttums führen uns in das nördliche Indien zur Zeit des fünften Jahrhunderts v.Chr.[7] In dem auf dem Gebiet etwa des heutigen indischen Bundesstaates Bihâr gelegenen altindischen Staat Magadha regiert die Familie des Königs Bimbisâra. Es war eine Zeit erstmals aufblühender Städte; das vorbuddhistische Indien hatte noch dörflichen Charakter getragen. Diese Städte leben vom Handel; Kaufleute, die dem dritten gesellschaftlichen Stand angehören, dem Stand der Vaishyas, den man als den Nährstand beschreiben kann, erlangen gesellschaftlichen Einfluß. Das Gesichtsfeld erweitert sich, Kritik wird laut an dem etablierten, überritualisierten, sinnentleerten vedisch-brahmanischen Opferkult, Kritik aber auch an der sozialen Ordnung. Gerade der Buddha hat keine Gelegenheit ausgelassen, um das altindische Ständesystem anzugreifen. Man ginge aber – wie erwähnt – fehl, ihn deswegen als Sozialreformer einzustufen. Gesellschaftliche, also innerweltliche Superioritätsansprüche können in seiner Erlösungslehre keinerlei Erlösungsrelevanz besitzen.

Zahlreiche junge Leute, voller Zweifel an den traditionellen Werten der vedisch-brahmanischen Gesellschaftsordnung, erfüllt vom Überdruß am weltlichen Wohlleben, verließen damals das geordnete Familienleben und kehrten einer Gesellschaft den Rücken, deren weltliche und religiöse Dogmen sie nicht mehr akzeptieren konnten. Als bettelnde Wandermönche – wie auch der Buddha einer war – suchten sie nach neuen Wegen religiöser Selbstverwirklichung. Es war also weniger Zivilisationskritik oder Konsumverdruß, wovon diese „Aussteiger“ sich leiten ließen, religiöse Fragen standen für sie weit mehr im Zentrum des Interesses. Manche jener Bettelmönche genossen wegen ihrer besonders harten Askese oder wegen der Auffälligkeit ihrer Lehren einen gewissen Ruf, und bald scharten sich auch kleine Gruppen von Anhängern und Bewunderern um sie. Diese Asketenführer hatten eine merkwürdig zwiespältige gesellschaftliche Stellung inne: Einerseits kann man sich ihr Äußeres gar nicht provozierend genug vorstellen: Kahlgeschoren, dreckbeschmiert, durch oft abstoßende Askese verunstaltet, in von Abfallhaufen gesammelte Lumpen gekleidet, manche auch ganz nackt, wurden sie von den Bürgern beschimpft. Mundaka, „Glatzkopf“, etwa war ein beliebtes Schimpfwort, wenn man sie mit Steinwürfen aus den Dörfern vertrieb und von Hunden hetzen ließ. Andererseits lesen wir, daß diese Outcasts in den Genuß von Almosen und nicht unbedeutenden Schenkungen kamen. Ganze Parks wurden dem Buddha z.B. zur Verfügung gestellt, was wohl nicht nur dem Wunschdenken der mönchischen Verfasser dieser Texte entstammt. Es kam vor, daß der König höchstselbst in einer mondhellen Nacht solche Asketenführer aufsuchte, um sich an der Disputation mit ihnen zu erbauen. Sogar in politischen Dingen wurden sie um Rat gefragt. Die Brahmanen, die angestammten Ratgeber der Monarchen, sahen also ihre Felle davonschwimmen. So entstanden die, aus orthodox-brahmanischer Sicht, „Ketzerreligionen“ Buddhismus und Jinismus; die meisten Lehren jener Zeit aber konnten keine bleibenden, dauerhaften Erfolge erringen, so daß uns die Gedanken beispielsweise der altindischen Materialisten, Fatalisten, Nihilisten und Skeptiker leider nur noch fragmentarisch in den Polemiken ihrer Gegner erhalten sind. Zum richtigen Verständnis der sozialen Brisanz vieler buddhistischer Texte mag es hilfreich sein, sich dieses zeitgeschichtliche Kolorit, dieses soeben skizzierte Milieu möglichst lebendig und drastisch vor Augen zu führen.

Polemiken gegen den altindischen Klerus, den Stand der Brahmanen, begegnen uns im Schrifttum des Buddhismus auf Schritt und Tritt. Sie sind der literarische Niederschlag einer realen gesellschaftlichen Konkurrenz, eines Machtkampfs zwischen zwei Ständen der altindischen Gesellschaft, nämlich den Kshatriyas, dem Kriegerstand, und den Brahmanen, dem Priesterstand. Der Buddha gehörte dem Stand der Kshatriyas an, weshalb sich die Buddhisten mit diesem Stand identifizieren. Der Buddha war ferner ein Wandermönch, ein sogenannter Shramana (auf der ersten Silbe zu betonen), gehörte damit zu einer gesellschaftlichen Randgruppe, ja mehr noch, er wies sich damit selbst einen Platz außerhalb der altindischen Gesellschaft zu, einen Rang als von den auf ihre Superiorität pochenden Brahmanen verachteter Outsider, Weltflüchtling und Daseinsverneiner. Die brahmanische Polemik gegen die Kshatriyas verbindet sich daher in buddhistischen Texten mit Ausfällen gegen diese Wandermönche, die Shramanas.

Um einen Eindruck zu vermitteln von der Schärfe und Aggressivität, mit der dieser Rangstreit geführt wurde, möchte ich einige Passagen aus einer frühen buddhistischen Lehrrede, einem Sûtra, zitieren, und zwar aus dem Ambâshtasûtra, der Lehrrede, in welcher der Buddha mit einem jungen Brahmanen namens Ambâshta streitet. Ich wähle die bislang noch nicht übersetzte Fassung der chinesischen „Kanonischen Schriften der Langen Tradition“.[8] Das Zitat setzt in dem Moment ein, als der arrogante Brahmanenjüngling Ambâshta im Auftrag seines Lehrers aufbricht, um den Buddha zu besuchen.

Ambâshta ließ seinen kostbaren Wagen anspannen. An der Spitze von 500 Brahmanenschülern zog er bei Sonnenaufgang aus dem Dorf hinaus und fuhr nach dem Wald von Icchânangala. Angekommen, stieg er vom Wagen und ging zu Fuß zum Erhabenen.

Wenn nun der Buddha saß, dann stand Ambâshta; und wenn der Buddha stand, dann saß er; und währenddessen erörterten [die jungen Brahmanen] miteinander philosophische Themen.

Der Buddha sprach zu dem jungen Mann: „Hast du schon einmal mit bejahrten, altehrwürdigen Brahmanen auf solche Weise diskutiert?" Der junge Mann sagte zum Buddha: „Was soll das heißen?" Der Buddha sprach zu dem jungen Mann: „Wenn ich sitze, dann stehst du; und wenn ich stehe, dann sitzest du. Und währenddessen diskutiert ihr miteinander. Wenn du und dein Lehrer über den Dharma diskutiert, macht ihr es dann genauso?"

Der junge Mann sprach zum Buddha: „Wenn wir Brahmanen über den Dharma diskutieren, dann [gilt folgendes:] Wenn er sitzt, dann sitze auch ich; wenn er steht, dann stehe auch ich; wenn er liegt, dann liege auch ich. Was aber nun die Shramanas betrifft, von verächtlichem Äußeren, alleinstehend und kinderlos, gemein und armselig, niedrig und minderwertig, mit schwarzen, dunklen Dingen beschäftigt – wenn ich mit dieser Sorte diskutiere, dann kommt es nicht aufs Hinsetzen und Aufstehen an."

Da sagte der Buddha zu ihm: „He du, junger Mann, du bist noch unbeherrscht."

Als nun der junge Mann hörte, daß der Erhabene ihn mit: „He du!" ansprach, und als er ferner hörte, daß er ihn „noch unbeherrscht" nannte, da wurde er wütend, und er schmähte und verunglimpfte den Buddha: „Die Söhne des Shâkya-Geschlechts sind immer nur neidisch und haßerfüllt, sie haben keine Anstandsregeln ... In der Welt gibt es vier Stände: Kshatriyas, Brahmanen, Vaishyas und Shûdras. Die drei [anderen] Stände ehren, wertschätzen, achten und respektieren die Brahmanen und huldigen ihnen. Ist es da für die Shâkya-Söhne recht, oder ziemt es sich nicht für sie, sich [ebenfalls] so zu verhalten? Diese Shâkyas da sind Dienstlinge, gemein und armselig, niedrig und minderwertig, und dennoch achten und respektieren sie uns Brahmanen nicht."

Da schwieg der Erhabene und dachte: ,Dieser Jüngling beleidigt [die Shâkyas] allzu oft, er geht soweit, das Wort Dienstling zu gebrauchen. Ich will doch einmal seine Herkunft verdeutlichen, um ihn in seine Schranken zu verweisen.'

Der Buddha sprach zu dem jungen Mann: „Welches ist deine Sippe?"

Der junge Mann antwortete: „Meine Sippe stammt vom König Sheng (Ikshvâku) ab."

Der Buddha sprach zu dem jungen Mann: „Wenn das deine Sippe ist, dann [stammst du aus dem] Geschlecht einer Sklavin der Shâkyas."

Der Buddha weist nun nach, indem er eine genealogische Legende erzählt, daß Ambâshtas Sippe der Kârshnâyanas tatsächlich von einer Sklavin der Shâkyas abstammt und widerstrebend muß sein Widersacher zugeben, daß es sich tatsächlich so verhält. Das Streitgespräch nimmt jedoch weiter seinen Lauf. Der Buddha fragt Ambâshta: *„Junger Mann, wie steht es mit folgendem? Die alten Brahmanen und Rishis, die alle kunstverständig waren, die in Urzeiten als erste die Preishymnen des Veda rezitierten, wie sie immer noch von den heutigen Brahmanen rezitiert und gesungen werden ..., – wohnten große Rishis und Brahmanen wie sie alle in Pavillons, die innerhalb von ausgeschachteten Festungsgräben aufgestellt waren, so wie du, dein Lehrer und seine Schüler es tun, oder nicht?*

Er antwortete: „Nein!"

„Errichteten jene großen Rishis etwa von Wällen und Stadtmauern umgebene Siedlungen, um darin zu wohnen, so wie du, dein Lehrer und seine Schüler es heutzutage tun?"

Er antwortete: „Nein!"

„Lagen jene großen Rishis etwa auf hohen Betten, schweren Matratzen, auf Matten, fein und weich, so wie du, dein Lehrer und seine Schüler es tun?

Er antwortete: „Nein!"

„Tändelten etwa jene großen Rishis mit Gold- und Silberschmuck, bunten Blumenkränzen und schönen Frauen herum, so wie du, dein Lehrer und seine Schüler? Fuhren jene großen Rishis etwa auf Gespannen und kostbaren Wagen, wobei sie Lanzen in den Händen hielten, um [die Pferde] damit zu lenken, bedeckten sie sich mit weißen Schirmen, hielten sie kostbare Fächer in der Hand, trugen sie bunte, teure Sandalen und kleideten sie sich in das makellose, weiße Tuch, daß du, dein Lehrer und seine Schüler heutzutage tragen?"

Er antwortete: „Nein!"

„Junger Mann, du, der du selbst niedrig und unscheinbar bist und Wahr und Falsch nicht erkennst, du schmähst und beschimpfst die Shâkyas. Damit schaffst du selbst die Wurzel deiner Schuld, den Grund für eine lange Höllenstrafe.

Geschlagen kehrt Ambâshta zu seinem Lehrer zurück, und der fragt ihn:

„Worüber hast du mit Gautama gesprochen?" Nun stattete der junge Mann seinem Lehrer Bericht ab über sein Gespräch mit dem Buddha, und der Lehrer meinte: „Demnach habe ich [ja wirklich] einen neunmalklugen Schüler! Du wirst es noch soweit bringen, daß wir über kurz oder lang in eine Hölle fahren. Wieso das? Du redest, wie dir der Schnabel gewachsen ist, und [suchst] Gautama zu besiegen und zu verleumden ... Solche neunmalklugen Schüler wie du bringen es soweit, daß wir über kurz oder lang in eine Hölle fahren!" Daraufhin gab ihm sein Lehrer voller Zorn einen Fußtritt, so daß der junge Mann hinstürzte. Als dann der Lehrer selbst seinen Wagen bestieg, und als da Ambâshta, um sich zu rächen, den

Wagen umkippte, da wünschte der Lehrer ihm zur Strafe die Krätze an den Hals.

Man sieht, die Brahmanen gingen mit den oppositionellen Buddhisten nicht eben zimperlich um, und auch umgekehrt machten die Buddhisten in ihrer Ablehnung des brahmanischen Standesdünkels aus ihrem Herzen keine Mördergrube.

Ethik über Standesdünkel – Erlösung für jedermann

Ihr neues Vier-Stände-Modell der Gesellschaft, eine Hierarchie, in der sie selbst den ersten Platz einnahmen, hatten die Brahmanen mit der Wiedergeburtslehre verknüpft. Dadurch hatten sie sich eine religiöse Begründung ihres Überlegenheitsanspruchs geschaffen. Erlösung aus dem Kreislauf der Wiedergeburten – so lehrten die Brahmanen – ist nämlich nur in einer Geburt als Brahmane möglich. Deshalb gilt es, sich in einer endlosen Kette von Wiedergeburten durch gute Taten, durch gutes Karma, allmählich bis zum oberen Rand der Gesellschaft, bis zu einer Geburt als Brahmane, emporzuarbeiten. Der früheste Buddhismus aber stellte, wie wir sahen, der brahmanischen Hierarchie das Ideal der ursprünglichen und von daher grundsätzlichen Gleichheit aller Wesen entgegen. Dieser Gleichheitsanspruch blieb nun keineswegs auf die soziale Ebene beschränkt, im Gegenteil: Da der Buddhismus eine Religion ist, und da eine Religion sich durch das Streben nach außerweltlichem Heil definiert, mußte diese Forderung nach *égalité* auch Auswirkungen auf das buddhistische Erlösungsmodell haben. An die Stelle der elitären Erlösung nur für Brahmanen mußte die grundsätzliche Möglichkeit der Erlösung für jedermann treten.

So ist es nur folgerichtig, wenn die frühen buddhistischen Mönche, die sich mit der Überlieferung des buddhistischen Schrifttums befaßten, die Kosmogonie alsbald mit einer Predigt als Rahmengeschichte versahen. Diese als Rahmen-Erzählung der Aggañña-Kosmogonie benutzte Predigt trägt noch heute in einem Teil der chinesischen Überlieferung den Namen „Das Sûtra von den vier Ständen", 四姓經 Sì-xìng-jīng, und sie befaßt sich mit der Frage, welcher von den vier Ständen der altindischen Gesellschaft, also der Kshatriyas, Brahmanen, Vaishyas und Shûdras, am ehesten Aussicht auf Erlösung hat. Um die Antwort gleich vorwegzunehmen: Keiner der vier Stände kann ein Vorrecht auf die Erlösung beanspruchen, weil es gute und schlechte Taten, im Sanskrit Karma, in allen vier Ständen gibt und weil gute und schlechte Taten, weil alle Taten überhaupt zwangsläufig eine Wiedergeburt nach sich ziehen, eine erneute Existenz, die in ihrer Qualität von den früheren Taten, dem Karma also, abhängig ist. Erlösung gibt es daher nur für den weltflüchtigen Shramana, der hier Arhat genannt wird, was soviel heißt wie „der Würdige", oder „Heiliger", und womit ganz konkret jeder buddhistische Mönch gemeint ist, der den buddhistischen Heilsweg gemäß der Unterweisung durch den Buddha zu Ende gegangen ist, der also die Erlösung erreicht hat. Diese Erlösung kann er aber nur dadurch erreichen, daß er sich aller Taten enthält, denn nur so entfällt jeder Grund und damit auch jeder Zwang für eine erneute Existenz. Und in dem Moment, da alles alte Karma verbraucht, abgelebt worden ist und kein neues Karma erzeugt wird, tritt der Zustand des Nirvâna ein, des „Verwehens", so die wörtliche Übersetzung.

Im „Sûtra von den vier Ständen" belehrt der Buddha zwei ehemalige Brahmanen, die als Novizen dem buddhistischen Orden beigetreten sind:[9]

Der Buddha sprach: „Brahmane! Jetzt, da ihr in meiner Lehre weilt und aus dem Hausleben ausgezogen seid um des Heilswegs willen, könnte es da nicht sein, daß die Brahmanen euch zur Rede stellen?" Er antwortete: „Ja, genau. Eben daß der Buddha sehr gütig zu uns ist, daß wir aus dem Hausleben ausgezogen sind und uns um den Heilsweg bemühen, das ist es in der Tat, warum wir von den Brahmanen zur Rede gestellt werden." Der Buddha sprach: „Wie stellen sie euch zur Rede?" Darauf erwiderte er dem Buddha: „Sie sagen: ‚Unser Brahmanen-Stand ist der erste, die übrigen sind niedrig. Unser Stand ist rein und weiß, die übrigen sind schwarz und dunkel. Er ist aus Brahmâ hervorgegangen, ist aus Brahmâs Mund geboren ... Warum habt ihr den weißen Stand verlassen und seid zu der Ketzerlehre dieses Gautama übergetreten?' Erhabener! Jene sehen, daß wir in der Lehre des Buddha, aus dem Hausleben ausgezogen, uns um den Heilsweg bemühen. Deshalb schelten sie uns mit solchen Worten und stellen uns zur Rede."

Der Buddha belehrte Vâsishtha: „Du siehst, die Menschen sind dumm und unwissend wie die Tiere. Zu Unrecht loben sie sich selbst: ‚Unser Brahmanen-Stand ist der erste, die übrigen sind niedrig. Unser Stand ist rein und weiß, die übrigen sind schwarz und dunkel... – Jetzt auf meinem unübertrefflichen, rechten und wahren Weg braucht man keinen Stand. Man vertraut nicht auf Ich und Mein, oder auf Hochmut und Mißachtung. Die gewöhnlichen Lehren sind darauf angewiesen, meine Lehre hat das nicht nötig. Wenn irgendwelche Shramanas oder Brahmanen auf sich selbst vertrauen und aufgrund ihres Standes Hochmut und Mißachtung gegen andere hegen, so können sie in meiner Lehre letztlich nicht das unübertrefflichen Zeugnis von der Erlösung ablegen. Wenn sie aber imstande sind, ihren Stand aufzugeben und ihren Hochmut, ihre Mißachtung zu beseitigen, dann können sie den Heilsweg vollenden und Zeugnis von der Erlösung ablegen, dann sind sie dazu befähigt, die rechte Lehre zu erlangen. Daß man die niedrigste Klasse haßt, so ist meine Lehre nicht."

Klarer und deutlicher kann man sich die Absage an priesterlichen Standesdünkel nicht vorstellen. Und der

Buddha fährt fort, seine Absage an den brahmanischen Überlegenheitsanspruch zu begründen. Es gebe – so führt er aus – vier Stände. Angehörige aller vier Stände könnten Schlechtes tun, sie könnten aber auch Gutes tun. Und weil es in allen vier Ständen Schlechtes und Gutes gebe, dürften die Brahmanen sich nicht als den besten Stand preisen:

„Wenn einer im Kshatriya-Stand, im Brahmanen-Stand, im Vaishya-Stand oder im Shûdra-Stand mit dem Körper Ungutes tut, mit dem Munde Ungutes tut, mit Gedanken Ungutes tut, erlangt er nach dem Zugrundegehen des Körpers beim Lebensende mit Sicherheit eine leidvolle Vergeltung. Wenn einer im Kshatriya-Stand, im Brahmanen-Stand, im Vaishya-Stand oder im Shûdra-Stand mit dem Körper Gutes tut, mit dem Munde Gutes tut, mit Gedanken Gutes tut, erlangt er nach dem Zugrundegehen des Körpers beim Lebensende mit Sicherheit eine freudvolle Vergeltung. Wenn einer Kshatriya-Stand, im Brahmanen-Stand, im Vaishya-Stand oder im Shûdra-Stand mit dem Körper zweierlei tut, mit dem Munde und mit Gedanken zweierlei tut, erlangt er nach dem Zugrundegehen des Körpers beim Lebensende leidvolle und freudvolle Vergeltung.

Im Kshatriya-Stand, im Brahmanen-Stand, im Vaishya-Stand und im Shûdra-Stand gibt es welche, die sich Bart und Haare scheren lassen und in der Robe den Heilsweg pflegen ... und binnen kurzem vollenden sie den Heilsweg ... In allen diesen vier Ständen gibt es Arhats, die aus dem Hausleben hinausgezogen und mit Wissen und religiösem Wandel versehen sind.“ (38c20ff)

Diese Arhats, die buddhistischen Heiligen, die den Heilsweg zu Ende gegangen sind und alle Gründe für eine erneute Existenz, alle Bindungen ans weltliche Dasein beseitigt haben, die seien deshalb von allen die besten. Und aus diesem Grunde – so setzt der Buddha nun polemisch hinzu – ehre sogar der König den Buddha.

Der Kern des „Sûtra von den vier Ständen" behandelt so die Frage nach dem Verhältnis von Religion und Gesellschaft. Da der Buddhismus in seinem Anfangsstadium noch weit davon entfernt war, sich als Massenbewegung in der Welt einrichten zu müssen, lautet die Antwort dieser Predigt: Das Heil ist nicht durch Erfüllung der Standespflicht, nicht innerhalb der durch die brahmanische Religion sanktionierten Gesellschaftsordnung zu verwirklichen, sondern nur außerhalb von ihr. Religion und Gesellschaft, so der Standpunkt der frühesten buddhistischen Mönchsethik, lassen sich nicht miteinander vereinbaren. Denn nur der Weltflüchtige, der alle gesellschaftlichen Bindungen abgestreift hat, kann Karma gänzlich vermeiden, kann das Rad der Wiedergeburten für sich persönlich zum Stillstand bringen und sich so vom universalen Leiden des Daseins erlösen.

Diese Erlösung, so hieß es in unserer chinesischen Version, sei „binnen kurzem" möglich. In der Pâli-Version lesen wir an dieser Stelle sogar, sie erfolge „noch im gegenwärtigen Leben". Das bedeutet also: Auch der Niedrigkastige muß sich nicht erst durch Erfüllung seiner Standespflicht über eine endlose Reihe von Wiedergeburten in der gesellschaftlichen Hierarchie empordienen. Er sollte vielmehr die gesellschaftlichen Bindungen aufgeben, um schließlich alle weltlichen Bande abstreifen zu können.

Mit dieser gesellschaftsverneinenden und von daher individualistischen Erlösungsethik für jedermann war der brahmanischen Fiktion von den vier Ständen der Boden entzogen. Nicht mehr die Erfüllung der Standespflicht, nicht das Sammeln von religiösem Verdienst, nicht gutes Karma sollten zur Erlösung führen, sondern das Vermeiden von Karma, in einem weltflüchtigen Dasein außerhalb der traditionellen Ständegesellschaft. So ist es nicht verwunderlich, daß die Brahmanen sich angegriffen fühlten und die respektlosen Wandermönche beschimpften.

Diese Predigt wirft ein Schlaglicht auf die Auseinandersetzung zwischen den frühesten Buddhisten und der etablierten Standesreligion des altindischen Brahmanismus. Die Brahmanen hatten der ethischen Argumentation des Buddhismus – zumindest unserem buddhistischen Text zufolge – nichts Ebenbürtiges entgegenzusetzen. Es blieb ihnen einstweilen nichts anderes übrig, als auf ihr Kastenprestige zu pochen. Solcher Standesdünkel jedoch stand in diametralem Gegensatz zur Ethik des frühen Buddhismus.

2. Antiritualismus

An seinen Taten also soll man den Wert eines Menschen erkennen, nicht an seiner Geburt. Das Karma bestimmt den gesellschaftlichen Rang eines Individuums, insbesondere das Karma, das jemand „im gegenwärtigen Leben" gesammelt hat, also diejenigen Taten, an denen er hier und jetzt erkannt werden kann. Man sieht, wie das ethische Denken seinen Platz zu behaupten beginnt. Es ist dies eine Ethik, die zwar schon vorbuddhistisch nachweisbar ist, sogar schon im Rigveda belegt werden kann, die aber erst im Buddhismus konsequent mit dem Gedanken von der Wiederkehr verbunden wurde, der Wiedergeburtslehre, derzufolge die Qualität der Geburt eines jeden Menschen von seinen Taten in den früheren Existenzen festgelegt wird, ebenso wie er durch die Taten in seinem gegenwärtigen Leben bestimmt, wieviel Glück oder Leiden er in zukünftigen Leben erfahren soll. Das Karma hat demnach immer drei zeitliche Dimensionen: Vergangenheit, Gegenwart und Zukunft. Die Taten der Vergangenheit bestimmen die Qualität der gegenwärtigen Existenz, ebenso wie Taten der Gegenwart darüber bestimmen, wie die Zukunft eines Menschen verlaufen wird. Nichts wäre irreführender, als die Karma-Lehre im Sinne eines Glaubens an ein determiniertes, unausweichliches Schicksal zu verstehen, wobei dem Einzelnen nichts anderes übrigbliebe, als sich passiv in sein vorherbestimmtes Kismet zu ergeben. Damit hätte man den Zukunftsaspekt des Karma völlig übersehen. Denn der Mensch hat zwar durch den Karma-Glauben eine Erklärung für das Glück und Leid, das er im gegenwärtigen Dasein erfährt: Es ist die Frucht seiner vergangenen Taten. Aber ebenso liegt es auch allein in seiner Hand, sein zukünftiges Schicksal selbst zu bestimmen – eben durch seine Taten in der Gegenwart. Es ist also kein fremdbestimmtes Fatum, das der Mensch hilflos erdulden muß, im Gegenteil: Die Karma-Lehre mit ihren drei zeitlichen Dimensionen von Vergangenheit, Gegenwart und Zukunft bedeutet, daß der Mensch sein Schicksal selbst bestimmt. Das Schicksal wird so von außen nach innen verlegt, geht von der Machtsphäre fremder Instanzen auf den Menschen selbst über. Der Mensch wird unabhängig von Magie, Göttern und Schicksal; das bedeutet seine ethische Emanzipation.

Diese *Ethisierung* des sozialen und religiösen Denkens läßt sich nicht nur in der Sozialtheorie und den Erlösungsvorstellungen des präkanonischen Buddhismus beobachten; sie bricht sich Bahn auch in der buddhistischen Antwort auf die Überritualisierung der altindischen Gesellschaft. Ich komme damit nun, nach der Behandlung des Antiklerikalismus, zum zweiten der anfangs festgestellten sechs oppositionellen Züge des frühesten Buddhismus, nämlich zu seinem Antiritualismus.

Kûtadantasûtra – Entritualisierung des Opfers[10]

Die Zeitgenossen der frühen Buddhisten, die vedischen Inder, erstrebten ein glückliches, erfülltes Dasein, sowohl vor, als auch nach ihrem Tode; und als Mittel dazu empfahlen ihre Priester, die Brahmanen, das Ritual, insbesondere das Opferritual. *brahman* ist ursprünglich das im

Sinne der Wortmagie wirkmächtige, kraftgeladene Opferwort; nach ihm benennen sich die Brahmanen. Sie sind die Opferpriester, die Träger und Bewahrer des Opferkults. Nur durch den Analogiezauber des Opfers – similia similibus und opus operatum – gewinnt der Mensch Macht über den Kosmos. Das Opfer stand folglich im Mittelpunkt der vedischen Religion, des Brahmanismus. Die Literatur des Brahmanismus, die sog. Brâhmanas (etwa 800-500 v.Chr.), belegt die Entwicklung des Opferrituals hin zu einer hochkomplizierten magischen Technik, die nur von esoterischen Spezialisten beherrscht wurde, nämlich von den Opferbrahmanen, für die das Opferwissen auch das wichtigste Mittel zum Lebensunterhalt war. Der Opferherr, ein Laie, der ein Opfer ausführen lassen wollte, engagierte ein Team von Ritualexperten, die für ihn die verschiedensten Arten von Opfern durchführten und von ihm dafür mit Priesterlohn bezahlt wurden. Der Opferherr erhoffte sich durch das von ihm bezahlte Opfer Reichtum im Diesseits und, bewirkt durch das von den Enkeln darzubringende Ahnenopfer, ein glückliches Leben im Väterhimmel.

Je komplizierter nun das vedische Opferritual wurde, desto wirkungsvoller mußte es dem Auftraggeber erscheinen; und das komplexeste jener Opfer war das aus vielen Einzelopfern, zum Teil Tieropfern, zusammengesetzte, im Kern eintägige, sich mit allen Vorbereitungen aber über fünf Tage hinziehende Ritual der Pressung und Opferung des Rauschtranks Soma. Die Grundform dieses Opfers, das wiederum zu noch komplizierteren Großopfern ausgebaut werden konnte, war der sogenannte Agnishtoma. Soviel in aller Kürze über den Hintergrund des vedischen Opfers.

Der zentrale Text, der eine Stellungnahme des frühesten Buddhismus zum vedischen Opfer enthält, geht unter dem Namen Kûtadantasûtra, „der Lehrtext, in dem der Brahmane Kûtadanta auftritt“. Der Kern dieser Lehrrede könnte vom Buddha selbst stammen; und wenn nicht von ihm, so doch von einem der frühesten buddhistischen Prediger.

Den konkreten Anlaß zu dieser Predigt muß ein großes vedisches Opfer gegeben haben, allem Anschein nach eine Art des eingangs erwähnten Agnishtoma, der drei, oder sogar 33, blutige Tieropfer einschließt. Zu diesem Opfer mußten die Buddhisten Stellung nehmen, weil es dem Verbot der Tötung von Lebewesen widersprach.

Wir erfahren durch das Kûtadanta-Sûtra technische Details über den Ablauf des Opferrituals. Der Ablauf dieses Opfers entspricht in vielen Einzelheiten dem vedischen Agnishtoma-Ritual, der erwähnten Grundform des komplexesten aller vedischen Opfer, einem „Sammelbecken verschiedenster Rituale“ (U. Schneider). Was aber in unserem Zusammenhang von besonderem Belang ist, das ist die Tatsache, daß in der buddhistischen Beschreibung dieses Opfers an entscheidender Stelle eine Änderung vorgenommen wird. Denn es geht ja darum, das Ritual umzudeuten und dadurch auf eine höhere religiöse Ebene zu heben. Die ausschlaggebende Änderung besteht nun darin, daß das normalerweise im Agnishtoma-Opfer vollzogene Tieropfer ersetzt wird durch ein Milchopfer. Wobei natürlich die Milch als Teil für das Ganze genausogut wie die Kuh selbst auch den Brahmanen akzeptabel sein muß. Es geht also um eine Substitution: Als Opfergabe empfehlen die Buddhisten den brahmanischen Opferpriestern, sie sollten statt der Opfertiere als Substitute Milchprodukte, außerdem auch Honig, nehmen.

Die buddhistische Umdeutung des an sich blutigen Agnishtoma-Opfers propagiert also das Gebot der Gewaltlosigkeit, also das Tötungsverbot. Der Sanskrit-Terminus Ahinsâ, wörtl. „Nicht-Schädigen“, ist im Westen durch die Lehren des Mahâtmâ Gândhî bekannt geworden. Gândhîs neuzeitliche Forderung nach Gewaltlosigkeit hat ihre Wurzeln in eben dieser Ethisierung der religiösen

Anschauungen, die wir hier am Beispiel des Kûtadantasûtra im alten Indien beobachten, wo Magie durch Ethik ersetzt wird. Und Nicht-Töten ist das erste und oberste Gebot des buddhistischen Sittengesetzes. Die im Kûtadantasûtra vorgetragenen Umdeutungen des vedischen Opfers durch den frühen Buddhismus beginnen mit der Feststellung, daß ein vedisches Opfer nur dann religiöses Verdienst *(punya)* bringen kann, wenn es nicht mit der Tötung von Lebewesen verbunden ist. Das von den Buddhisten vorgeschlagene Opfer suggeriert den Laien außerdem Spendefreudigkeit. Wir hören nämlich, daß der König, der das Opfer ausrichtet, weder vor, noch während, noch nach dem Opfer Reue empfunden habe, Reue nämlich über die Hinweggabe seines Besitzes als Opferlohn. Hier sind wir mit der Tugend der Freigebigkeit konfrontiert, die im Sanskrit *dâna* heißt (von der Verbalwurzel *dâ*, „geben", sprachverwandt mit lateinisch *dare*, griechisch *δίδωμι*). Freigebigkeit ist nach dem sittlichen Lebenswandel die wichtigeste Laientugend bereits des frühesten Buddhismus; schließlich lebten auch die buddhistischen Mönche von den Spenden der Laien.

Das ist aber bloß der Ausgangspunkt der buddhistischen Umdeutung. Was folgt, ist eine rhetorisch geschickte Überhöhung des Opfergedankens. Auch weiterhin findet eine Umdeutung statt im Sinne der *Ethisierung* des Opfers, und zwar selbstverständlich im Sinne der buddhistischen Ethik. Wir stoßen hier auf dieselbe religionshistorische Tendenz, die uns bereits in der Sozialtheorie und den Erlösungsvorstellungen des präkanonischen Buddhismus begegnet war, auf die Tendenz zur Ethisierung älterer, hier nun magischer, Vorstellungen. Es wird nämlich jetzt gefragt, ob es ein Opfer gebe, das noch besser sei, noch mehr Verdienst bringe, als ein unblutiges vedisches Opfer. Und die Antwort darauf ist fünfteilig. Sie ist nach steigendem Schwierigkeitsgrad geordnet, nach wachsenden Anforderungen, die eine immer höhere Qualität des auf diese Weise sublimierten Opfers zur Folge haben. Die Antwort lautet, ein noch besseres Opfer als das unblutige vedische Opfer sei 1) die Almosenspende an sittenstrenge Wanderasketen. Die Tugend der Spendefreudigkeit wird also hier noch einmal wiederholt und dadurch besonders betont. Es ist die Nutzanwendung aus dem Verhalten des in Urzeiten opfernden Königs: Genauso wie der König keine Reue darüber empfand, daß er seinen gesamten Besitz als Opferlohn hinweggab, sollen heutzutage die Laien sich nicht scheuen, den Wandermönchen die Bettelschale reichlich zu füllen.

2) Noch besser aber, so der zweite Punkt, der das zweite sublimierte, ethisch umgedeutete Opfer nennt, sei der Klosterbau. Die Laien werden aufgefordert, für die Wandermönche Klöster zu bauen, damit sie darin während der Monsunzeit in den Monaten von Juli bis September den Sommer verbringen könnten. Während der Regenzeit verwandeln sich Indiens Wege in Bäche und Schlammpfuhle; sie sind dadurch praktisch unpassierbar. Außerdem wächst die Gefahr, das dann reichlich umherkriechende Gewürm zu zertreten, was einen Verstoß gegen das Tötungsverbot bedeutete. In der Aufforderung zum Klosterbau, die auf die Ermunterung zur Almosenspende folgt, läßt sich bereits eine historische Abfolge erkennen, denn die frühesten Buddhisten waren Wandermönche ohne feste Bleibe; während der Regenzeit bauten sie sich selbst Laubhütten. Erst nach und nach wurden sie in Klöstern ansässig.

Durch Almosenspende und Klosterbau können sich auch Nicht-Buddhisten Verdienst erwerben, der buddhistische Orden wird an anderer Stelle geradezu als „Verdienst-Feld für die Welt" bezeichnet. Ein noch verdienstvolleres Opfer aber ist es, wenn man 3) Zuflucht nimmt zu Buddha, Lehre und Gemeinde, also zum Buddhismus übertritt. Man tut das noch heute durch das Aussprechen der Formel: „Ich nehme meine Zuflucht zum

Buddha, ich nehme meine Zuflucht zur Lehre, ich nehme meine Zuflucht zur Gemeinde." Gleichzeitig gelobt man, die fünf für Laien gültigen Verbote zu beachten, was jedoch kein bloßes Lippenbekenntnis bleiben soll. Denn ein noch wertvolleres Opfer ist es, wenn man sich darum bemüht, 4) sich auch wirklich an die fünf Laien-Verbote zu halten, als da sind: nicht Töten, nicht Stehlen, nicht Ehebrechen, nicht Lügen sowie die Abstinenz vom Alkohol. Am allerbesten aber ist es, 5) selbst buddhistischer Mönch zu werden. Nur als Mönch kann man schließlich dem universellen Leiden der Wiedergeburt ein Ende setzen. Ein besseres Opfer als dieses gebe es nicht. Soweit der Kern des Kûtadantasûtra.

Wir sehen an diesem zentralen Textbeispiel, wie der präkanonische Buddhismus der zunehmenden Ritualisierung der indischen Gesellschaft gegen Ende der vedischen Zeit eine Umdeutung des Rituals im Sinne der buddhistischen Ethik entgegenstellte. Der Buddhismus ersetzte das vedische Ritual durch die Forderung nach einem ethischen Lebenswandel, soweit die Laien betroffen sind. Noch wirksamer für die baldige Erlösung aber ist mönchische Weltflucht, welche die endgültige Auslöschung der Existenz des Individuums ermöglichen soll.

3. Antitheismus

Am vedischen Opfer, das von den buddhistischen Mönchen so unmißverständlich abgelehnt wurde, waren keineswegs nur die menschlichen Opferpriester im Auftrag des Opferherrn beteiligt. Es richtete sich an zahlreiche Götter, die für den Erfolg des Opfers sorgen mußten, vorausgesetzt, daß es in allen Einzelheiten korrekt durchgeführt war. Der Buddhismus entstand also in einer polytheistischen Umgebung.

Wir sehen das vedische Pantheon bevölkert von einer Vielzahl von Göttern. Diese anthropomorphen Götterfiguren lassen sich am besten gliedern nach ihrer sozialen Hierarchie, abhängig also von dem gesellschaftlichen Stand, der sie in erster Linie verehrte. Oberster Gott war Indra, der Gott der Krieger, des Standes der Kshatriyas. Indra tritt in buddhistischen Texten durchweg unter der Bezeichnung Shakra auf. Gott der Brahmanen hingegen war Agni (sprachverwandt mit Lateinisch *ignis*), der „Gott Feuer". Gleichzeitig diente er auch als Gott der Rede; denn der Opferpriester sieht – schaut – in den Zungen des Opferfeuers die übernatürlich offenbarten Schriften des Veda. Mit den vedischen Opferhymnen ruft der menschliche „Rufer", so wörtlich die Bezeichnung eines der Opferpriester, die Götter zum Opferplatz; Agni obliegt es, die gerufenen Götter zum Opferplatz herbeizufahren.

Daneben und darunter dachte man sich eine Vielzahl anderer Götter: Vishnu etwa, ursprünglich Gott der Feldmesser, dann Gott des dritten Standes, der Vaishyas, die mehr und mehr in Konkurrenz zum Kriegerstand treten; Rudra, furchterregender Gott der Seuchen, der bereits viele Züge des späteren hinduistischen Gottes Shiva trägt; Mitra und Varuna, die Götter des Vertrages; die Zwillingsgötter Ashvins, göttliche Ärzte und Förderer der Fruchtbarkeit; Tvashtar, Gott der Handwerker, vergleichbar dem späteren, noch heute verehrten Vishvakarman; oder auch Pûshan, eine Hirtengottheit, die mit dem griechischen Pan verwandt ist.

Die Geringschätzung, mit der die Buddhisten die vedischen Götter behandelten, können wir uns am Beispiel des Gottes Brahmâ vor Augen führen. Brahmâ, der Gott, war entstanden durch Personifizierung und Vergöttlichung des wirkmächtigen Opferwortes *brahman*. Später dann, im Hinduismus, der sich als Reaktion auf den Buddhismus herausbildet, hat er in der klassischen „Dreigestalt" *(tri-*

mûrti) des hinduistischen Pantheons die Position als Schöpfergott inne, während Vishnu als Erhalter, Shiva aber als Zerstörer fungiert.

Brahmâs Rang als Hochgott wird von den Buddhisten bestritten. Als Textbeispiel soll uns das Kaivartasûtra dienen, eine Predigt, deren Schlußteil den von den Brahmanen so hochverehrten Gott Brahmâ verspottet, um dagegen die Weisheit des Buddha in um so hellerem Glanze erstrahlen zu lassen. Am Ende dieses Lehrtextes (Dîghanikâya I 220[22]) wird erzählt, wie ein buddhistischer Mönch sich die Frage stellt, wohin die vier Elemente, aus denen der menschliche Körper besteht, nach dem Tode endgültig verschwinden. Um eine Antwort auf diese Frage zu erhalten, unternimmt er eine Himmelsreise, eine Odyssee durch sämtliche Himmel bis hinauf zum obersten Himmel Brahmâs. Die Götter, die er unterwegs befragt, zeigen sich allesamt außerstande, eine Antwort auf seine Frage zu geben. Einer schickt ihn zum anderen, immer höher hinauf in der göttlichen Hierarchie, bis der Mönch schließlich von den sog. Brahmakâyika-Göttern an Brahmâ persönlich verwiesen wird. Der könnte wissen, wo die vier Elemente Erde, Wasser, Feuer und Wind restlos vergehen. Schließlich erscheint Mahâbrahmâ, der Große Brahmâ, persönlich vor den anderen Göttern und dem Mönch, und sogleich legt der Mönch ihm seine Frage vor. Mahâbrahmâs Antwort aber lautet: *‚Ich bin, o Mönch, Brahmâ, Mahâbrahmâ, der Herrscher, der Unübertroffene, der alles auf einmal sieht, der aus eigener Machtvollkommenheit existierende Herr, der Schöpfer und Erschaffer, der beste Hervorbringer, der mächtige Vater der bereits existierenden und der zukünftigen Wesen.‘* Das kann den Mönch natürlich nicht befriedigen, deshalb insistiert er: *‚Mein Herr, ich frage nicht, ob Du Brahma bist, Mahâbrahmâ, der Herrscher, der Unübertroffene ... Mein Bester, ich für meinen Teil frage, wo denn wohl restlos diese vier Elemente hier verschwinden?‘*

Da nahm der Mahâbrahmâ den Mönch beim Arm, führte ihn zur Seite und sagte zu ihm: ‚Mönch, die Brahmakâyika-Götter hier glauben doch, daß es nichts gebe, das Brahmâ nicht gesehen hätte, das Brahmâ nicht wüßte, das Brahmâ nicht erlebt hätte. Deshalb habe ich vor ihnen nicht geantwortet. Auch ich, o Mönch, weiß nicht, wo die vier Elemente restlos vergehen, das Erd-, Wasser-, Feuer- und Wind-Element. Deshalb hast du das in dieser Sache schlecht gemacht, o Mönch, du hast einen Fehler gemacht, daß du den Erhabenen, den Buddha, übergangen und anderswo nachgeforscht hast. Geh, Mönch, zum Erhabenen, und wenn du zu ihm gegangen bist, dann lege ihm diese Frage vor, und wie er dir antwortet, daran halte dich!‘

Der oft beschworene Atheismus des Buddhismus ist also eher als Antitheismus zu verstehen: Zwar wird die Existenz von Göttern nicht rundweg geleugnet; man betrachtet Götter, übernatürliche Wesen überhaupt, jedoch als für die Erlösung entbehrlich. Für die Erlösung ist jeder einzelne Mensch letztlich auf sich allein angewiesen, Götter können nichts zur Erlösung beitragen. Götter werden also in der frühbuddhistischen Erlösungslehre ignoriert. Auf gar keinen Fall gibt es eine Instanz, die einem Hochgott vergleichbar wäre.

Götter erscheinen deshalb auch in der späteren Ikonographie und Heiligenverehrung allenfalls in dienender Funktion, als Hilfsgötter, welche die Befehle des Buddha ausführen. Wie etwa der hilfreiche Dämon Vajrapâni, „Der mit dem Donnerkeil in der Hand“, welcher dem Buddha nach dem Willen wundergläubiger Überarbeiter der buddhistischen Predigten immer dann Hilfe leistet, wenn ein Diskussionspartner geschlagen ist und deshalb die Antwort, mit der er seine Niederlage eingestehen müßte, verweigert. Nehmen wir als Beispiel dafür noch einmal das oben bereits zitierte Ambâshtasûtra[11]. Der Buddha hat den überheblichen Jungbrahmanen Ambâshta gerade darauf hingewiesen, daß seine Sippe von einer ehemaligen Sklavin der Shâkyas, des Stammes des Buddha, abstammt, und er will nun von dem Jungbrahmanen die Bestätigung hören. Diese Bestätigung wäre gleichzeitig das Eingeständnis der Niederlage in dem Streitgespräch. Deshalb, und natürlich auch, weil er beleidigt ist, schweigt Ambâshta und trotzt. Es kommt soweit, daß der Buddha ihn ein zweites und drittes Mal fragt, dann aber droht er ihm:

‚Ich habe dich schon dreimal gefragt; du solltest schleunigst antworten. Wenn du nicht antwortest, dann wird dir auf der Stelle ein starker Mann, der mir unsichtbar nachgeht, einen Metallstößel in den Händen hält und zu meinem Gefolge gehört, den Kopf in sieben Stücke zerschlagen ... Du solltest mal nach oben schauen!‘ Der junge Brahmane schaute nach oben und sah den Hilfsgeist Vajrapâni mit dem Metallstößel in den Händen über sich in der Luft schweben. Als er ihn gesehen hatte, da fürchtete er sich, die Körperhaare sträubten sich ihm, er sprang auf, fort von seinem Platz, hängte sich an den Erhabenen, suchte bei ihm Schutz und Rettung und sprach zu ihm: ‚Erhabener, frag. Ich werde jetzt antworten.‘

So werden Götter und Dämonen zu Hilfsgeistern des Buddha erniedrigt. Die Beispiele dafür aus den buddhistischen Texten ließen sich beinahe beliebig vermehren. Selbst Indra, der Gott der Krieger, wendet sich mit Fragen an den Buddha, ein Motiv, das zum Topos der buddhistischen Erzählungsliteratur werden sollte. Halten wir jedoch fest, daß die Antwort des Urbuddhismus auf den vedischen Polytheismus nicht etwa der Monotheismus war. Die Buddhisten reagierten vielmehr mit Rationalismus; fast könnte man von Euhemerismus sprechen, also von einer rationalistischen Deutung vorgefundener Religionen und Mythologien. Nur war die buddhistische Reaktion auf das vedische Pantheon weniger wissenschaftlich ausgerichtet, dazu waren die Buddhisten viel zu sehr

Partei. Sie antworteten respektlos, mit Spott und Hohn, und degradierten die überalterten Götter zu Stichwortlieferanten des Buddha. Ernsthaftem religiösen Streben war der Verkehr mit der Götterwelt abträglich. Wer als buddhistischer Mönch den Leiden des Wiedergeburtskreislaufs entrinnen wollte, sollte lieber auf den Buddha vertrauen und mit Hilfe seiner Lehre das Nirvâna verwirklichen.

4. Antimetaphysik

Wir haben gesehen, wie die götterfeindlichen Buddhisten sich über ihre göttergläubigen Zeitgenossen lustig machten, wie sie insbesondere Brahmâ, den Hochgott der Brahmanen, der Lächerlichkeit preisgaben. Diese antitheistische Haltung der frühen Buddhisten findet ihre konsequente Fortsetzung in dem Mißtrauen, mit dem maßgebliche Wortführer unter diesen rationalistischen Wandermönchen allen Phänomenen des Übersinnlichen begegneten. Von Anfang an mußte der Buddhismus sich mit dem Wunderglauben der Naiv-Frommen auseinandersetzen, aber auch mit ernstzunehmender religiöser und philosophischer Spekulation. Vor allem die All-Einheitsmystik der Upanishaden bedeutete für das buddhistische Erlösungsmodell eine ernsthafte Herausforderung, auf die eine überzeugende Antwort gefunden werden mußte. Wir wollen uns also in diesem Kapitel, das von der Ablehnung metaphysischer Spekulation handelt, zunächst mit der frühbuddhistischen Wunderkritik beschäftigen, dann mit der Antwort des Buddha – oder vorsichtiger: der ersten Buddhisten – auf die Âtman-Brahman-Mystik der Upanishaden, schließlich mit der grundsätzlichen Skepsis, die der Buddhismus gegenüber aller ontologischen Spekulation, der philosophischen Seinsergründung und Erklärung der ersten und letzten Daseinsgründe, entwickelte.

Es kann nun keinem Zweifel unterliegen, daß auch unter Buddhisten der Wunderglaube weit verbreitet war und ist.[12] Die kanonischen Texte des Buddhismus quellen über von Wundererzählungen, welche die übernatürlichen Fähigkeiten und Taten des Buddha und seiner Mönche schildern. Die Tendenz, den historischen Buddha zum überweltlichen „Wundermann“ hochzustilisieren, ihn „über die menschliche Sphäre hinauszuheben“,[13] ist einer der religionsgeschichtlich wirkungsvollsten Züge der Buddhabiographie und Stifterlegende.[14] Es läßt sich auf der anderen Seite aber auch die gegenläufige Tendenz feststellen, die rationalistische. Trotz der erwähnten Fülle von Wunderlegenden, trotz der vorherrschenden Tendenz, die Attraktivität der buddhistischen Lehre bei schlichten Gemütern durch die Betonung des Wunderbaren zu steigern, haben sich doch auch kritisch-ablehnende Meinungen in den autoritativen Schriften des alten Buddhismus behaupten können, und zwar bereits in den ältesten Straten der Überlieferung. Seit den Anfängen des Buddhismus stehen Befürwortung und Ablehnung des Wunderglaubens einander gegenüber. Unsere Fragen lauten daher: Ist die buddhistische Wundergläubigkeit lediglich Ausdruck naiver Laienfrömmigkeit? Ist sie, was Mönche betrifft, Folge individueller Meditationserlebnisse? Ist der Glaube an das Wunder sozusagen Privatsache? Oder gehört die Bereitschaft zur Anerkennung übernatürlicher Erscheinungen zum Zentrum der buddhistischen Lehre, ist sie unverzichtbarer Bestandteil buddhistischer Religiosität?

Wenn nun zwar Ablehnung *und* Befürwortung von Wundern bereits im frühesten Buddhismus anzutreffen waren, so hat die religionsgeschichtliche Forschung doch gezeigt[15], daß Wunder und Wunderglaube eher von außen an den Buddhismus herangetragen worden sind und daß diesen Erscheinungen von seiten der ernsthaft um die

Verwirklichung der buddhistischen Erlösung bemühten Mönche mit Vorsicht, Skepsis, ja zum Teil sogar vehementer Verurteilung begegnet wurde.

Die Geschichte vom Hausvater Kaivarta. Ein Beispiel dafür ist die Geschichte vom Hausvater Kaivarta, der ein Beglaubigungswunder vom Buddha erbittet. Sie hat folgenden Inhalt:

Gelegentlich eines Aufenthalts des Buddha in der Stadt Nâlandâ (die später als Sitz einer buddhistischen Universität berühmt werden sollte) bittet der Hausvater Kaivarta, ein eifriger Laienanhänger, den Erhabenen, er möchte doch einen seiner Mönche anweisen, ein Wunder vorzuführen. Obwohl der Buddha dieses Ansinnen zweimal entschieden ablehnt, insistiert der fromme Laie und begründet seinen Vorschlag: Durch ein solches Zeichen könne der Buddha in der reichen und bevölkerten Stadt Nâlandâ noch mehr Anhänger gewinnen. Kaivarta möchte den Buddha also zu einem Beglaubigungswunder ermuntern, und der Buddha nimmt diesen Vorschlag zum Anlaß, seine Meinung zum Thema Wunder vorzutragen.

Es gebe drei Arten von Wundern. Die erste ist das Wunder der Zauberkräfte, nämlich der übernatürlichen Fähigkeiten, die darin bestehen, den Körper zu vervielfältigen, sich unsichtbar zu machen, durch Wände zu gehen, in die Erde zu sinken, auf dem Wasser zu gehen, im Lotossitz durch die Luft zu schweben wie ein Vogel, Sonne und Mond mit der Hand zu berühren und seinen Körper bis hin zur Brahmawelt auszudehnen. Die chinesische Überlieferung fügt dem noch das Kunststück des Feuerspuckens hinzu. Der Buddha hält sich nun bezeichnenderweise nicht mit der Erörterung der Frage auf, ob solche Zauberkunststücke grundsätzlich möglich sind oder nicht. Wichtig scheint ihm nur zu sein, daß es Leute gibt – wie etwa auch den Kaivarta – , die an die Möglichkeit derartiger Wundertaten glauben. Der Buddha konstruiert jetzt nämlich den Fall, daß ein Gläubiger zu einem Ungläubigen geht und ihm berichtet, er hätte einen buddhistischen Mönch, einen Bhikshu, solche Zauberkunststücke vorführen sehen. Der Ungläubige aber würde, wenn er vom Hörensagen von Zaubertricks erfährt, diese achselzuckend als „Gandhâra-Wissen" abtun, also als eine Art der schwarzen Magie, wie sie von den griechisch beeinflußten Barbaren in Gandhâra im Nordwesten Indiens betrieben wird. Und deshalb, so sagt der Buddha nun (im Wortlaut der Pâli-Fassung), „nehme ich, indem ich, o Kaivarta, am Wunder der Zauberkräfte dieses Übel sehe, am Wunder der Zauberkräfte Anstoß, ich schäme mich dafür und ich verabscheue es". Der Buddha lehnt also an dieser Stelle nicht etwa nur die öffentliche Vorführung von Zauberkunststücken, sondern „das Wunder der Zauberkräfte" überhaupt ab, und zwar mit Worten, wie sie schärfer gar nicht sein könnten und die in ihrer Emotionalität überraschen. Wir haben mit diesem Satz einen Reflex der alten Auffassung vor uns, daß die Zauberkräfte nichts eigentlich Buddhistisches sind, nicht einmal etwas Indisches. Wenn ein buddhistischer Mönch sich mit solchen Yogatricks befaßt, bringt er den Buddhismus nur in Verruf, in die Gefahr, mit unseriösen magischen Praktiken verwechselt zu werden. Der Charakter der Lehre des Buddha als einer nüchtern-pragmatischen Erlösungsethik, die ein Ende des Umherwanderns im Geburtenkreislauf „noch im gegenwärtigen Leben" *(drishta eva dharme)* anstrebt, steht zu derartiger Scharlatanerie in diametralem Gegensatz.

Nach der vehementen Verurteilung der Zauberkräfte wendet sich der Buddha der zweiten Art des Wunders zu, dem Wunder des Gedankenlesens. Mit dieser Kunst setzt er sich nach dem gleichen Schema auseinander wie zuvor mit den Zauberkräften. Und er gelangt zu dem Ergebnis, daß ein Ungläubiger, wenn er vom Hörensagen von einem gedankenlesenden buddhistischen Mönch erfährt, dies ebenfalls als eine Art der schwarzen Magie auffassen muß. Auch diese Übung könne dem Buddhismus nur zum Schaden gereichen, weshalb sie aufs schärfste zu verurteilen sei.

Schließlich kommt der Buddha zu der dritten Art des Wunders, und damit zu der Pointe seiner Ausführungen. Die dritte Art, so überrascht er nun seine Zuhörer, sei das Wunder der Lehrverkündigung. Der Buddha wendet damit einen rhetorischen Kunstgriff an, mit dem er auch sonst gern seine Predigten schließt: die Verfremdung. Diese Verfremdung wird erreicht durch eine Ebenenverlagerung. In unserem Falle nutzt er, als psychologisch geschickter Prediger, die naive Wundergläubigkeit des Kaivarta. Im vordergründigen Sinne enttäuscht er den Hausvater zunächst, auf einer anderen Ebene jedoch greift er seinen Vorschlag auf. Allerdings nimmt er dabei eine Umdeutung vor, eine Neubewertung dessen, was unter dem Wunder zu verstehen sei. Das eigentliche Wunder sei nicht magischer Illusionismus, wie Kaivarta ihn erwartet, sondern die Lehrverkündigung des Buddha. Der Begriff des Wunders wird damit nicht mehr im konkret-vordergründigen, sondern im übertragenen Sinne gebraucht.

Wir sagten einleitend, es sei die Aufgabe der Religionswissenschaft, irrationale Inhalte mit rationalen Methoden zu erforschen. Das Wunder ist solch ein Gegenstand, der zwangsläufig in die Grenzbereiche der Religionswissenschaft führt, und es fällt nicht immer leicht, hier nicht im Revier der Parapsychologen zu wildern. Das wäre freilich Kompetenzüberschreitung, und es bleibt der Religionswissenschaft daher oft nichts anderes übrig, als sich auf den Standpunkt zurückzuziehen, daß sie eben nicht das Wunder als übersinnliches Phänomen und seine naturwissenschaftliche Erklärbarkeit untersucht, sondern den Wunderglauben. Der Wunderglaube gehört in den Bereich individueller Frömmigkeit, läßt sich psychologisch erklären aus dem Bedürfnis des Profanen, Manifestationen höherer Mächte zu erleben. Er resultiert aus der

Weigerung anzuerkennen, daß Religion eine Sache des Glaubens ist, nicht der Vernunft, und der daraus folgenden Forderung nach handgreiflichen Beweisen für die Wahrheit von Religion. Es ist ein ganz naives Bedürfnis nach Empirie und Autopsie, nach Erfahrung und Inaugenscheinnahme. Und eine Religion, die der Versuchung, sich mit Übersinnlichem zu schmücken, erliegt, wird schnell in den Ruf der Scharlatanerie geraten; dies war die Antwort, mit welcher der Buddha – oder auf wen auch immer dieser Ausspruch zurückgehen mag – den eifrigen Laienanhänger Kaivarta beschied.

Eine Seele kann im Menschen nicht gefunden werden

Aber der früheste Buddhismus hatte sich nicht nur mit solchen eher alltäglich-praktischen, aus der Missions- und Predigtarbeit resultierenden Forderungen nach Beglaubigungswundern auseinanderzusetzen. Es gab auch durchaus ernstzunehmende, denkerisch anspruchsvolle Philosopheme, gegen die der Buddhismus opponierte. Wir kommen damit zu einem anderen Punkt, der in dem gleichen Maße wie die buddhistische Emanzipation vom Götterglauben die altindischen Zeitgenossen nicht weniger als die moderne westliche Religionswissenschaft irritiert hat. Und das war die Behauptung, daß eine Seele im Menschen nicht gefunden werden könne.

Es handelt sich also nicht um eine Leugnung der Seele, sondern um eine intellektuelle Position, die sich am ehesten als Skepsis bezeichnen läßt. Die frühesten Buddhisten behaupteten nicht, daß es keine Seele gebe. Sie forderten vielmehr die Verfechter des Seelenglaubens auf, einen Beweis für die Existenz eines unvergänglichen Selbst zu führen. Und sie weigerten sich, solange dieser Beweis nicht erbracht war, ein solches Selbst anzuerkennen.

Die Leugnung der Existenz einer Seele setzt selbstverständlich den Glauben an eine Seele voraus. Dieser vorbuddhistische Seelenglaube gelangte zu einem ersten Höhepunkt in der All-Einheitsspekulation der älteren Upanishaden, eine Literatur, die ungefähr 800-600 v.Chr. anzusetzen ist. Sie gehört zu einer der beiden Hauptströmungen der indischen Philosophie, der monistischen. Sie basiert auf dem Axiom, das dem menschlichen Körper ein unvergängliches Selbst innewohnt, das den Tod des Körpers überdauert. Dieses Selbst heißt Âtman. Es inkarniert sich in immer neuen Körpern, wobei die Qualität der Wiedergeburt von der ethischen Qualität der Taten eines Menschen abhängt, von seinem Karma also. Wer dem ewigen Kreislauf der Wiedergeburten ein Ende setzen möchte, kann dies auf meditativem Wege herbeiführen. Er erlangt die Erlösung durch die Einsicht, daß sein Selbst, der Âtman, die Individualseele, identisch ist mit der Universalseele, dem Brahman. *tat tvam asi*, „das bist du", „das Brahman ist der Âtman", lautet die Formel, mit der diese mystische Identifikation im Sanskrit der Upanishaden ausgesprochen wird. Die Natur dieses Selbst kann nicht näher definiert werden, sie ist *neti neti*, „nicht so und nicht so". Aber die Einsicht in die Identität von Âtman und Brahman ist mit „Wonne" verbunden, mit einem Glücksgefühl also, und ist damit eindeutig positiv definiert. Durch die wonnevolle Erkenntnis, durch den auf meditativem Wege erbrachten intellektuellen Akt, daß die Individualseele letztlich nicht verschieden ist von der Universalseele, entfällt der Zwang zu einer erneuten Wiedergeburt. So die Lehre der ältesten Upanishaden, die auf Weisheitslehrer wie Yâjñavalkya, Shândilya oder Uddâlaka zurückgeführt wird. Wir erkennen in ihr eine metaphysische Überhöhung oder Sublimierung des alten magischen Mikrokosmos-Makrokosmos-Schemas: Der Individualseele auf der Ebene des Mikrokosmos entspricht die Universalseele auf der Ebene des Makrokosmos.

Hören wir nun die direkte Antwort des Buddhismus auf die mystisch-monistische All-Einheitsspekulation der upanishadischen Âtman-Lehrer, das sogenannte Anâtmasûtra – Âtman heißt „Selbst", Anâtman ist die Verneinung davon, wörtlich also „die Lehrrede über das Nicht-Selbst". Die buddhistische Replik bezieht sich unmittelbar auf eine sehr bekannte Unterweisung eines Upanishaden-Lehrers namens Yâjñavalkya (in der Brihad-Âranyaka-Upanishad 4,5) und wird an manchen Stellen nur durch diesen Bezug überhaupt erst verständlich. Wegen der zentralen Bedeutung dieser Lehrrede für die buddhistische Anthropologie und Erlösungslehre gebe ich den vollen Wortlaut.[16]

So habe ich gehört: Einmal weilte der Buddha in der Stadt Benares am Aufenthaltsort der weisen Seher (Pâli Isipatana*) im Gazellenwildpark (Migadâya). Da belehrte der Erhabene die anderen fünf Mönche: „Der Körper besitzt kein Selbst*[17]*. Besäße der Körper ein Selbst, dürften in ihm nicht Krankheit und Leiden entstehen; auch könnte man nicht, was den Körper betrifft, wünschen, daß er so oder so sein soll oder nicht sein soll. Weil der Körper kein Selbst besitzt, gibt es im Körper Krankheit, gibt es die Entstehung von Leiden; auch kann man deshalb, was den Körper betrifft, wünschen, daß er so oder so sein soll oder nicht sein soll.*[18]

Das Gefühl, die Wahrnehmung, das Unterbewußtsein und das Bewußtsein besitzen kein Selbst. Besäßen das Gefühl, die Wahrnehmung, das Unterbewußtsein und das Bewußtsein ein Selbst, dürften in ihnen nicht Krankheit und Leiden entstehen; auch könnte man nicht, was das Gefühl, die Wahrnehmung, das Unterbewußtsein und das Bewußtsein betrifft, wünschen, daß sie so oder so sein sollen oder nicht sein sollen. Weil das Gefühl, die Wahrnehmung, das Unterbewußtsein und das Bewußtsein kein Selbst besitzen, gibt es in ihnen Krankheit, gibt es die Entstehung von Leiden; auch kann man deshalb, was das

Gefühl, die Wahrnehmung, das Unterbewußtsein und das Bewußtsein betrifft, wünschen, daß sie so oder so sein sollen oder nicht sein sollen.

Ihr Mönche, was meint ihr? Ist der Körper ewig oder nicht ewig?" Die Mönche sprachen zum Buddha: „Nicht ewig, Erhabener." – „Mönche, wenn er nicht ewig ist, ist er dann leidvoll?" – „Er ist leidvoll, Erhabener." – „Mönche, wenn er nicht ewig ist, leidvoll, eine Gegebenheit, die der Wandlung und Veränderung unterworfen ist, wird ein gelehrter, edler Schüler ihn dann wohl als etwas ansehen, von dem er sagen könnte: Das ist mein Selbst. Könnte er sich damit identifizieren, oder nicht?" – „Nein, Erhabener." – „Mit dem Gefühl, der Wahrnehmung, dem Unterbewußtsein und dem Bewußtsein verhält es sich ebenso.

Deshalb, ihr Mönche, sind jedwede Körper, ob vergangen, ob zukünftig, ob gegenwärtig, ob innen, ob außen, ob grob, ob fein, ob schön, ob häßlich, ob fern, ob nah, alle nicht das Selbst, nicht der Aufenthaltsort des Selbst. So macht man es sich klar, so betrachtet man es in Übereinstimmung mit der Wirklichkeit. Und bei Gefühl, Wahrnehmung, Unterbewußtsein sowie Bewußtsein betrachtet man es genauso.

Ihr Mönche, ein gelehrter, edler Schüler sieht diese fünf „Gruppen des Ergreifens" (das heißt Körper, Gefühl, Wahrnehmung, Unterbewußtsein und Bewußtsein) an als etwas, von dem er sagen kann: Das ist nicht das Selbst, nicht der Aufenthaltsort des Selbst. Und wenn er es so betrachtet, wenn er es sich so klarmacht, dann nimmt er überhaupt nichts mehr in der Welt an. Und weil er nichts mehr annimmt, hängt er an nichts mehr, und weil er an nichts mehr hängt, erwacht er von allein zum Nirvâna: Meine Geburt hat sich erschöpft, der geistliche Wandel ist vollendet, was zu tun war, ist getan. Von allein erkennt er, daß ihm keine nachfolgende Existenz mehr zuteil wird."

Als der Buddha dieses Sûtra verkündet hatte, da brachten die anderen fünf Mönche keine „unbewußten Karma-Einströmungen“ mehr hervor und ihr Geist erlangte die Erlösung. Die Mönche hörten, was der Buddha zu sagen hatte, und erfreut und voller Ehrfurcht befolgten sie es.

Der Urbuddhismus zieht sich in der Diskussion des Seelenbegriffs, wie er von den zeitgenössischen Âtman-Lehrern vertreten wurde, auf einen skeptischen Standpunkt zurück. Sein Ansatzpunkt im Streit um die Existenz einer unsterblichen Seele ist die Unmöglichkeit, ein beständiges, dauerhaftes, unvergängliches Kontinuum, eine Seele also, bzw. nach altindischer Ausdrucksweise ein „Selbst“, einen Âtman, in dem, was den Menschen ausmacht, nachzuweisen.

Der buddhistischen Anthropologie zufolge besteht der Mensch aus fünf Kategorien, den sogenannten „Gruppen des Ergreifens“, den fünf „Gruppen“ von Daseinsfaktoren oder Kategorien also, mit denen das Individuum, solange es noch nicht erlöst ist, die Welt „ergreift“, sich an sein Dasein klammert, weil es darin etwas Beständiges zu sehen vermeint. Wenn der Mensch sich aber seine eigene Unbeständigkeit klargemacht hat, dann – so heißt es in unserem Sûtra – „nimmt er überhaupt nichts mehr in der Welt an. Und weil er nichts mehr annimmt, hängt er an nichts mehr, und weil er an nichts mehr hängt, erwacht er von allein zum Nirvâna“.

Diese fünf Gruppen des Ergreifens, die den Menschen insgesamt ausmachen, sind zunächst der Körper mit allen seinen Organen und Funktionen; dann das Gefühl, also die Emotionen; ferner die Wahrnehmung, womit sowohl der Sinneseindruck gemeint ist, der auf den Kontakt des Objekts mit dem Sinnesorgan folgt, als auch dessen Weiterleitung und Registrierung im Gehirn. Die vierte „Gruppe“, im Text mit „Unterbewußtsein“ übersetzt, wird gebildet von den unbewußten „Einprägungen“ oder „Gestaltungen“ *(sanskâra)*, die von vergangenen und gegenwärtigen Taten im Unterbewußtsein des Menschen hervorgerufen werden und die dafür verantwortlich sind, daß der Mensch sich in der Zukunft in gleichen Situationen auch immer wieder gleich verhält – ganz automatisch, unbewußt. Diese durch das Karma, durch die Taten und deren Folgen also, verursachten „Gestaltungen" des Unterbewußtseins müssen bewußt gemacht und dadurch aufgelöst werden, wenn das Individuum sich vom Zwang zu neuen Wiedergeburten erlösen möchte. Es bleibt die fünfte Kategorie, das Bewußtsein, das heißt das Wachbewußtsein, das rationale und diskursive Denken.

Die fünf „Gruppen" von Daseinsfaktoren, aus denen sich der Mensch zusammensetzt, tastet der Verfasser dieses Sûtra nun gleichsam nacheinander ab. Und seine Diagnose lautet, daß in ihnen allen der Âtman, eine Seele also, nicht gefunden werden kann. Die Begründung dieses negativen Befunds liegt in der Feststellung, erstens, daß der Körper, wie auch alle anderen vier Kategorien, Krankheit und Leiden unterworfen ist. Das aber widerspricht der Beschreibung des Selbst, wie sie beispielsweise der upanishadische Weisheitslehrer Yâjñavalkya gab. Er sagte, der Âtman sei „unvergänglich ... keine Gegebenheit, die der Vernichtung unterworfen ist" (Brihad-Âranyaka-Upanishad 4,5,14), er sei „unzerstörbar" und „bleibe unversehrt" (BÂU 4,5,15). Außerdem, so die zweite buddhistische Feststellung, kann man wegen der Veränderlichkeit des Körpers wie auch aller anderen Gruppen des Ergreifens Veränderungen und Wandlungen herbeiwünschen, kann erstreben, „daß er so oder so sein soll oder nicht sein soll". Der Âtman jedoch ist „nicht so und nicht so" *(neti neti)*, er ist „ungreifbar, frei, ungebunden, schwankt nicht, bleibt unversehrt" (ebd.). Der Buddha nimmt Yâjñavalkya also beim Wort, wendet dessen Definition des Âtman auf die Bestandteile des Menschen an, um zu finden, daß sie nicht paßt, und nagelt so seinen Widersacher mit seinen eigenen Formulierungen fest.

Der nun folgende Abschnitt des Anâtmasûtra richtet sich weniger gegen Yâjñavalkya, sondern eher gegen einen anderen Âtman-Lehrer namens Uddâlaka und dessen Unterweisung an seinen Sohn Shvetaketu, durch welche dieser die Formel der mystischen Identifikation von Einzelseele und Allseele erfuhr: *tat tvam asi*, „das bist du". Der Buddha fragt nämlich unserem Sûtra zufolge seine ersten fünf Mönche, ob man von einer nicht ewigen, daher leidvollen, der Wandlung und Veränderung unterworfenen Gegebenheit wie dem Körper sagen könne: „Das ist mein Selbst", wörtlich „das bin ich". Im Sanskrit hieße das *tad aham asmi* (in der Pâlifassung lesen wir an der Stelle entsprechend *eso 'ham asmi*), „dieser [Âtman] bin ich". Natürlich klingt hier das *tat tvam asi* an, „das bist du", wie Uddâlaka es seinem Sohn dargelegt hatte. – Die fünf Mönche erwidern darauf, daß man sich mit seinem Körper genausowenig identifizieren könne wie mit Gefühl, Wahrnehmung, Unterbewußtsein und Bewußtsein.

So ist unwiderleglich festgestellt, daß die fünf Gruppen von Daseinsfaktoren, die unter der Bezeichnung Mensch zusammengefaßt werden, „nicht das Selbst, nicht der Aufenthaltsort des Selbst" sein können. Diese Tatsache soll der Mönch nun „betrachten, sie sich klarmachen", er soll also meditieren, soll darüber nachsinnen, daß damit jeder Zwang, sich an seinen Körper zu klammern, an all das, womit sich selbst zu identifizieren er gewohnt ist, entfallen ist. Diese Betrachtung aber hat „von allein" zur Folge, daß er „zum Nirvâna erwacht", was nichts anderes bedeutet, als daß er nicht mehr wiedergeboren wird.

Das Nirvâna nur negativ bestimmbar

Damit haben wir auch die urbuddhistische Definition des Nirvâna kennengelernt. Das Nirvâna, wörtlich „Verwehen", ist nur negativ beschreibbar. Es ist kein positiv bestimmbarer Zustand, erst recht kein Ort oder Paradies, sondern bedeutet nichts anderes als die Tatsache, daß man nicht mehr wiedergeboren wird. In dieser Erkenntnis besteht die Erleuchtung, die *bodhi*, was wörtlich „Erwachen“ bedeutet (wodurch sich auch die Formulierung des chinesischen Texts erklärt, „zum Nirvâna erwachen“). Der zum Nirvâna „Erwachte“, der „Buddha“, lebt nun zwar noch sein restliches Leben ab, das auf Karma-Rückständen beruht. Er schafft aber kein neues Karma mehr und vermeidet damit jeglichen Grund für eine neue Wiedergeburt. Der Tod des Buddha wird dann nach buddhistischem Sprachgebrauch als Parinirvâna bezeichnet, als „endgültiges Verwehen“.

Auch damit bezieht der frühe Buddhismus eine Gegenposition zur Beschreibung der Erlösung, wie sie die Âtman-Lehrer gaben. Yâjñavalkya etwa sprach ausdrücklich von „Unsterblichkeit“ *(amritatva)*, was ewiges Leben impliziert; Shândilya beschrieb die Erlösung als einen Zustand, den man nach dem Tode erreicht, wenn man „zum Brahman gelangt“, wenn also die Einzelseele die *unio mystica* mit der Allseele vollzieht. Die Erkenntnis dieser Vereinigung – so lesen wir an anderen Stellen in den Upanishaden – ist mit „Wonne“ verbunden; auch dies ein eindeutig positiv besetzter Begriff. Die Nirvâna-Definition gehört somit – genauso wie die Seelenskepsis – zu den oppositionellen Zügen des präkanonischen Buddhismus.

Das Pfeilgleichnis

Bei solcher Zurückhaltung in allen Fragen, welche die Metaphysik betreffen, bei solch skeptischem Sich-Zurückziehen auf rein negative Positionen kann es nicht überraschen, wenn der frühe Buddhismus alles Forschen nach den letzten Dingen rundweg zurückweist. Er spricht der ontologischen Spekulation die Erlösungsrelevanz ab. Alle Mutmaßungen, die den letzten Grund des Seins betreffen, alle Spekulationen über die Natur des Universums sind für die Erlösung überflüssig. Wenn ich meine Existenz endgültig auslöschen möchte, sie – buddhistisch gesprochen – „verwehen" lassen will, brauche ich mich nicht um Sinn und Zweck des Daseins zu kümmern. Ich muß mir nur die Vergänglichkeit und grundsätzliche Leidhaftigkeit des Daseins durch und durch vergegenwärtigen, um mich nicht weiter an wertlose Gegebenheiten zu ketten, an brennende Strohbüschel – so das buddhistische Bild –, die mir nichts als Leiden verursachen.

Die Sinnlosigkeit der Frage nach den letzten Dingen ist in der frühen buddhistischen Literatur am eindrucksvollsten im Pfeilgleichnis ausgesprochen. Es soll deshalb unseren Überblick über die urbuddhistische Skepsis in metyphysischen Fragen beschließen.[19]

So habe ich gehört. Einmal wanderte der Buddha nach der Stadt Shrâvastî. Er hielt sich auf im „Siegerwald" (Pâli Jetavana) im Kloster des Anâthapindada. Zu dieser Zeit kam dem Ehrwürdigen Mâlunkyâputra, als er an einem einsamen, friedlichen und ruhigen Platz zurückgezogen saß und meditierte, folgender Gedanke: ‚Die folgenden philosophischen Standpunkte hat der Erhabene ausgelassen, übersprungen, nicht erschöpfend und gründlich erklärt, nämlich: Die Welt ist ewig; die Welt ist nicht ewig. Die Welt hat ein Ende; die Welt hat kein Ende. Die Seele ist identisch mit dem Körper; oder Seele und Körper sind voneinander verschieden. Der Tathâgata ist sterblich; der Tathâgata ist unsterblich; der Tathâgata ist sowohl sterblich als auch unsterblich; der Tathâgata ist weder sterblich noch unsterblich. Ich mag das nicht, ich ertrage das nicht, ich billige das nicht. Wenn der Erhabene mir genau erklärt, ob die Welt ewig ist, ob dies wahr und richtig und alles andere Falschaussage und Unwahrheit ist, dann will ich von ihm den geistlichen Wandel lernen.

Wenn der Erhabene mir aber nicht genau erklärt, ob die Welt ewig ist, ob dies wahr und richtig und alles andere Falschaussage und Unwahrheit ist, dann will ich ihn schwer ins Verhör nehmen, mich von ihm lossagen und davongehen …'

Da stand der Ehrwürdige Mâlunkyâputra zur Zeit der Abenddämmerung aus seiner Zurückgezogenheit auf, ging zum Buddha, bezeigte ihm den Kopf neigend Verehrung, dann trat er einen Schritt zurück, setzte sich seitwärts hin und sprach: „Erhabener, mir kam gerade, als ich an einem einsamen, friedlichen und ruhigen Platz zurückgezogen saß und meditierte, folgender Gedanke: ‚Die folgenden philosophischen Standpunkte hat der Erhabene ausgelassen, übersprungen, nicht erschöpfend und gründlich erklärt, nämlich: Die Welt ist ewig; die Welt ist nicht ewig … Wenn der Erhabene nicht genau weiß, ob die Welt ewig ist, dann soll er geradeheraus sagen, daß er es nicht weiß …

Der Erhabene fragte: „Mâlunkyâputra, habe ich jemals so zu dir gesprochen: ‚Die Welt ist ewig. Komm, lern von mir den geistlichen Wandel!'?" – Mâlunkyâputra antwortete: „Nein, Erhabener!" –

„Und ebenso: ‚Die Welt ist nicht ewig. Die Welt hat ein Ende; die Welt hat kein Ende … usw.' Habe ich jemals so zu dir gesprochen: ‚Dies ist wahr und richtig, und alles andere ist Falschaussage und Unwahrheit. Komm, lern von mir den geistlichen Wandel!'?" – Mâlunkyâputra antwortete: „Nein, Erhabener!" –

„Mâlunkyâputra, hast du jemals zu mir gesagt: ‚Wenn der Erhabene mir genau erklärt, ob die Welt ewig ist, ob dies wahr und richtig und alles andere Falschaussage und Unwahrheit ist, dann will ich vom Erhabenen den geistlichen Wandel lernen!'?" – Mâlunkyâputra antwortete: „Nein, Erhabener!" – Der Erhabene sprach: „Mâlunkyâputra, ich habe nie zu dir etwas gesagt, und du hast auch nie zu mir etwas gesagt. Du bist ein Narr. Warum lügst

du und verleumdest mich?" Als da der Ehrwürdige Mâlunkyâputra vom Erhabenen einen Tadel ins Gesicht gesagt bekam und gerügt wurde, da senkte er bekümmert und schmerzlich bewegt den Kopf und schwieg. In der Disputation unterlegen, sagte er nichts mehr und verhielt sich wie jemand, der auf eine Gelegenheit zur Revanche wartet.

Nachdem der Erhabene den Mâlunkyâputra getadelt hatte, da sprach er zu den Mönchen: „Angenommen, irgendein Dummkopf dächte folgendermaßen: ‚Wenn der Erhabene mir nicht genau erklärt, ob die Welt ewig ist, ob dies wahr und richtig und alles andere Falschaussage und Unwahrheit ist, will ich nicht vom Erhabenen den geistlichen Wandel lernen', dann würde dieser Narr niemals das Wissen erlangen. Er würde [vergeblich darauf warten und] inzwischen darüber sterben.

Er gleicht einem Mann, dessen Körper von einem vergifteten Pfeil getroffen wird. Weil der Giftpfeil ihm schwerste Leiden bereitet, haben seine Verwandten Mitleid und Erbarmen mit dem Verwundeten. Sie sind gewinnstrebend, auf ihren Vorteil und finanzielle Sicherheit bedacht [und können es sich daher leisten], einen Pfeilarzt (also einen Spezialisten für derartige Verletzungen) herbeizubitten. Da aber denkt sich der [verletzte] Mann: ‚Man soll den Pfeil noch nicht herausziehen, erst muß ich wissen, von welcher Familie, welchem Namen und welcher Kaste der Mann [der mich angeschossen hat] ist; ob er groß oder klein, dick oder dünn ist; ob er dunkelhäutig oder hellhäutig, oder weder dunkelhäutig noch hellhäutig ist; ob er vom Kshatriya-, Brahmanen-, Vaishya- oder Shûdra-Stand ist; ob er aus dem Osten, Süden, Westen oder Norden stammt. Man soll den Pfeil noch nicht herausziehen, erst muß ich wissen, ob der Bogen aus dem Holz der Seidenspinnereiche, des Maulbeerbaums, des Elaeocarpus japonica, oder ob er aus Horn besteht; ob das Bogenfutteral aus Rindersehne, Antilopensehne oder aus Seide ist; ob die Farbe des Bogens schwarz, weiß, rot oder gelb ist; ob die Bogensehne aus Sehne, Seide, Leinen oder Hanf ist; ob der Schaft des Pfeiles aus Holz oder Bambus ist; ob die Bogenumwickelung aus Rindersehne, Antilopensehne oder aus Seide ist; ob die Pfeilfedern von einem Reiher, einem Geier, einem Sumpfhuhn oder einem Kranich stammen; ob der Widerhaken [der Spitze] eines Messers, einer Lanze oder eines zweischneidigen Dolchs ähnelt. Man soll den Pfeil noch nicht herausziehen, erst muß ich wissen, von welcher Familie, welchem Namen und welcher Kaste der Handwerker, der den Widerhaken angefertigt hat, ist; ob er groß oder klein, dick oder dünn ist; ob er dunkelhäutig oder hellhäutig, oder weder dunkelhäutig noch hellhäutig ist; ob er aus dem Osten, Süden, Westen oder Norden stammt. – Dieser Mann würde das niemals in Erfahrung bringen und inzwischen darüber sterben …

Die Welt ist ewig: daß man auf diesen philosophischen Standpunkt bauend von mir den geistlichen Wandel erlernte, so verhält es sich nicht … Die Welt mag ewig sein, dennoch gibt es Geburt, es gibt Altern…, es gibt Sterben, – es existieren Schmerz, Weinen, Leiden, Kümmernis, und es gibt die Entstehung der „Daseinsgruppen" (aus denen der Mensch besteht), die also nichts als pures, großes Leiden sind. Und ebenso mag die Welt nicht ewig sein, mag die Welt ein Ende haben oder nicht, mag die Seele identisch mit dem Körper sein oder Seele und Körper voneinander verschieden, mag der Tathâgata sterblich sein oder unsterblich, oder sowohl sterblich als auch unsterblich, oder weder sterblich noch unsterblich, – dennoch gibt es Geburt, es gibt Altern, es gibt Krankheit, es gibt Sterben, – es existieren Schmerz, Weinen, Leiden, Kümmernis, und es gibt die Entstehung der „Daseinsgruppen", die also nichts als pures, großes Leiden sind.

Ob die Welt ewig ist, das habe ich nicht erklärt. Und warum habe ich das nicht erklärt? Es ist sinnlos, es hat nichts mit der Lehre zu tun, nichts mit dem elementaren geistlichen Wandel, es führt nicht zur Erkenntnis, führt nicht zum Erwachen, und es führt nicht zum Nirvâna. Darum habe ich das nicht erklärt. – Und welche Lehre habe ich genau erklärt? Den folgenden Gegenstand: das Leiden, die Entstehung des Leidens, die Auslöschung des Leidens und den Weg (der zur Auslöschung des Leidens führt). Das habe ich genau erklärt. Und warum habe ich das genau erklärt? Es ist sinnvoll, es hat mit der Lehre zu tun, es hat mit dem elementaren geistlichen Wandel zu tun, es führt zur Erkenntnis, führt zum Erwachen, und es führt zum Nirvâna. Darum habe ich das genau erklärt.

Was nicht erklärt werden kann, das habe ich nicht erklärt; was erklärt werden kann, das habe ich erklärt. Und daran haltet euch entsprechend, das lernt entsprechend.“

Also sprach der Buddha. Die Mönche hörten, was der Buddha sagte, und erfreut und voller Ehrfurcht befolgten sie es.

5. Antiasketizismus

Die buddhistischen Schriften sind reich an detaillierten Berichten über die verschiedensten asketischen Praktiken.[20] Wir finden ein Sammelsurium der merkwürdigsten selbstquälerischen Techniken, die zum Teil noch heute von indischen Sâdhus, den Wanderasketen, geübt werden. Es gab Asketen, die auf jedwede Kleidung verzichteten und bewußt die Regeln des Anstands verletzten; die sich weigerten, Speise, die eigens für sie zubereitet war, zu verzehren; die es ablehnten, direkt aus dem Kochtopf oder der Pfanne zu essen; oder Mahlzeiten verschmähten, die von einer Schwangeren oder Stillenden zubereitet worden waren; die nicht aßen, wenn ein Hund oder dichte Fliegenschwärme in der Nähe waren; die Fisch, Fleisch oder Alkohol zurückwiesen; die auf ihrem Bettelgang immer nur aus einem Haus nur einen Bissen annahmen; die nur jeden Tag einmal aßen, oder nur alle zwei Tage einmal, oder nur alle sieben Tage einmal oder sogar bloß alle zwei Wochen einmal. Auch solche gab es, die nur Kohl aßen, oder nur wilde Wurzeln und Früchte, oder nur Früchte, die ihnen von selbst vor die Füße fielen. Es wird sogar von Asketen berichtet, die versuchten, sich ausschließlich von Kuhfladen zu ernähren, wobei man natürlich den hinduistischen Glauben an die reinigende Kraft aller Kuhprodukte berücksichtigen muß – Kuhmist reinigt ebenso wie Milch, Butter, Ghee, Joghurt oder Kuhurin. Auch in der Wahl seiner Kleidung konnte man sich Askese auferlegen. Es gab Roben aus Hanf, aus gebrauchten Leichentüchern, aus Lumpen, die von einem Abfallhaufen gesammelt sein mußten, aus Bast, Gras, Menschenhaar, Pferdehaar oder Eulenfedern. Auch die Haartracht war einbezogen: Manche Asketen verschmähten das Schermesser und pflegten sich Haar und Bart auszureißen. Es gab professionelle Leider, die das Gelübde abgelegt hatten, sich nie hinzusetzen; andere, die grundsätzlich nur auf den Fersen hockten – was noch heute eine beliebte Ruhehaltung vieler Inder ist, ob Kind oder Greisin. Manche schliefen auf Dornenpritschen oder Holzpritschen oder auf bloßer Erde oder nur auf einer Seite oder hielten sich nur unter freiem Himmel auf. Die einen beschmierten sich mit Kot und Unrat, andere wieder nahmen es auf sich, dreimal täglich zu baden.

Derartige Askese lehnten die Buddhisten ab, weshalb sie von konkurrierenden Wandermönchen oft als verweichlichte Schwächlinge beschimpft wurden. Askese – so die Auffassung des Buddhismus – führt zu nur noch mehr Leiden statt zur Erlösung vom Leiden. Der Buddha soll anfänglich selbst damit experimentiert haben, bis er erkennen mußte, daß Askese nicht die Erlösung aus dem Kreislauf der Wiedergeburten bewirkt. Im Mahâsaccakasutta wird dem Buddha folgende Ablehnung des extremen Fastens zugeschrieben. Der Buddha berichtet von der Zeit vor seinem „Erwachen" (Majjhimanikâya Nr. 36, Bd. I, 245[17ff.]. Übers. Schmidt, S. 122): *„Ich beschränkte mich nun darauf, sehr wenig Nahrung zu mir zu nehmen. Dadurch magerte mein Körper außerordentlich ab, und meine Glieder wurden wie dürres Rohr; wie ein Kamelhuf wurde mein Gesäß, mein Rückgrat wie eine Kugelkette, meine Rippen wie Dachsparren eines alten Hauses. Wie Wassersterne tief unten in einem Brunnen, so erschienen meine Augensterne tief versunken in meinen Augenhöhlen. Wie ein aufgeschnittener Kürbis in heißer Sonne, so schrumpfte meine Kopfhaut zusammen. Wenn ich meinen Bauch anfühlen wollte, berührte ich mein Rückgrat, und wenn ich das Rückgrat anfühlen wollte, berührte ich die Bauchhaut. Wenn ich meine Notdurft verrichten wollte, fiel ich kopfüber. Wenn ich mit der Hand die Glieder rieb, fielen die wurzelfaulen Haare ab. Meine reine Hautfarbe war verdorben durch die geringe Nahrungsaufnahme... Da dachte ich: Dies ist das äußerste an qualvoller Selbstpeinigung, das jemals Samanas oder Brahmanen erreicht haben oder künftig erreichen werden oder jetzt erreichen, und doch gelange ich mit dieser Quälerei nicht zu dem Bereich der vollen, edlen Erkenntnis und Einsicht, die alles Menschliche übersteigt. Sollte es nicht doch einen anderen Weg zum Erwachen geben?"* Mag diese Äußerung nun direkt auf den Buddha zurückgehen oder nicht – ein historischer Echtheitsbeweis läßt sich dafür ohnehin nicht führen –, so ist sie doch eine anschauliche und authentische Beschreibung der Folgen extremen Fastens. Daraus ziehen die Buddhisten nun die Folgerung, daß die Fixierung auf die Askese, also auf die absichtliche Steigerung der Leidhaftigkeit des Daseins, immer noch weiter in den Wiedergeburtskreislauf verstrickt, indem sie die Aufmerksamkeit von religiöser Erkenntnis nur ablenkt.

Die buddhistischen Mönche zahlten ihren Konkurrenten und Kritikern deren Schmähworte mit gleicher Münze heim. Sie bezeichneten die Extremasketen als Masochisten, Angeber und Verrückte[21]. Die Asketen empfingen – so schimpften die Buddhisten – Befriedigung durch ihre Selbstquälerei, priesen sich selbst dafür und schmähten andere, sie berauschten sich geradezu daran, lullten damit ihre Denkfähigkeit ein. Sie benutzten sie dazu, materiellen Profit einzuheimsen, machten einen einträglichen Lebensunterhalt daraus, nutzten die Askese zum Prestigegewinn – ein Vorwurf, der auch den heutigen indischen Askesegewinnlern, die mit neohinduistischer Spiritualität im Westen ein profitables Geschäft betreiben, von ernsthaften Hindus gemacht wird: Einen seriösen Guru erkenne man daran, daß er kein Geld nehme. Weiterhin warfen die Buddhisten den Asketenscharlatanen vor, sie seien bei der Annahme von Almosen wählerisch: „Das mag ich, das mag ich nicht." (DN III 43[26]) Sie seien obendrein neidisch auf konkurrierende Scharlatane, wenn die bei den Mahârâjas mehr Erfolg verbuchten als sie selbst. Ja sie verunglimpften sie in Bausch und Bogen als „heuchlerisch, böswillig, eifersüchtig, eigensüchtig, betrügerisch, zauberkundig, störrisch, arrogant, übelwollend, ihren bösen Trieben ausgeliefert und ketzerisch." (DN III 45[14ff.])

Indem sich die Buddhisten so von Askese und Asketenscharlatanerie distanzieren, beschreiten sie einen Heilsweg, der sich grundsätzlich von den auf asketischer Selbstpeinigung beruhenden Lehren unterscheidet. Man sollte daher den Buddhismus auch nicht, wie es üblich geworden ist, als „Asketenreligion" bezeichnen. Er entstand zwar zur Zeit der altindischen „Asketenbewegung", aus der beispielsweise die Asketenreligion des Jinismus hervorging. Der Buddhismus ist jedoch seinem Selbstverständnis nach durch die Ablehnung der Askese definiert, durch Antiasketizismus.

6. Antihedonismus

Die Ansichten der Forscher über den Inhalt der frühesten buddhistischen Lehre mögen weit auseinandergehen –, über einen Punkt aber dürfte Einigkeit herrschen, daß nämlich der Buddhismus Lebensgenuß und Sinnenlust als schädlich und verwerflich verurteilt. Dieser Antihedonismus ist das andere Extrem, der Gegenpol zu der soeben behandelten Ablehnung der Askese. Nicht nur Askese kettet den Menschen durch Steigerung des Leidens noch fester an das anfangs- und endlose Rad der Wiedergeburten, auch der Genuß, alle Arten der Sinnenlust, setzen die Kette der Existenzen nur immer weiter fort, statt ihr ein Ende zu bereiten. Der Buddhismus wendet sich deshalb entschieden gegen alle lustbefürwortenden Ideologien.

An der Schädlichkeit solcher Sinnenlust haben nun die Buddhisten nicht den geringsten Zweifel. Die Verfasser der buddhistischen Kanonschriften werden nicht müde, vor den erlösungshinderlichen Folgen der Sinnenlust, im Sanskrit *kâma*, zu warnen.[22] Wie etwa in dem folgenden Zitat aus der Sammlung der Mittellangen Texte des Pâlikanons (Majjhimanikâya Nr. 45, Bd. I, S. 306), in dem ein alles überwucherndes Schlinggewächs als warnende Metapher für die Sinnenlust gesetzt ist. Das Bild ist in sich mehrschichtig, birgt obendrein einen konkreten Sinn, denn die Liane ist in der indischen Literatur ohnehin schon eine gern verwendete Metapher für eine schöne junge Frau: *„Im letzten Monat der heißen Zeit fiel der Same eines Schlinggewächses an der Wurzel eines Sâl-Baumes nieder. Als die den Baum bewohnende Gottheit hierüber erschrak, trösteten sie ihre Freunde, die anderen Waldgottheiten: ‚Fürchte dich nicht! Sicherlich wird dieser Same von einem Pfau oder einem Reh gefressen, oder bei einem Waldbrand vernichtet, oder durch Waldarbeiter fortgetragen, oder von Ameisen verspeist werden, oder er wird gar nicht keimen.' Das Samenkorn wuchs* *aber doch und wurde zu einer zarten Ranke und umschlang den Baum. Da dachte der Baumgott: ‚Warum haben meine Freunde eine künftige Gefahr vorausgesehen und mich deshalb getröstet; angenehm ist doch die Berührung mit dieser jungen Ranke.‘ Das Schlinggewächs aber breitete sich immer weiter aus und erstickte schließlich die mächtigen Äste. Da dachte die Baumgottheit: ‚Das war also die Gefahr, die meine Freunde vorausgesehen hatten; das Samenkorn ist die Ursache davon, daß ich jetzt Schmerz erdulden muß.‘ So geht es denen, die glauben, daß an den Sinnengenüssen nichts Böses sei.“*

Das buddhistische Argument gegen die Sinnenlust lautet also, daß jede Lust *(sukha)* auch immer schon Leid *(duhkha)* in sich birgt und deshalb auch zwangsläufig nach sich zieht. Diese Ansicht wird auch in dem folgenden Zitat ausgesprochen (Samyuttanikâya 23,2,9): *„Die reiche Frau Migâramâtâ kam zum Erhabenen, als ihr eine liebe Enkelin gestorben war. Da fragte er sie: ‚Würdest du dir so viele Söhne und Enkel wünschen, als Menschen in der Stadt Shrâvastî leben?‘ ‚Gewiß, Herr.‘ ‚Wie viele Menschen sterben wohl jeden Tag in der Stadt?‘ ‚Zehn Menschen, acht ... oder wenigstens ein Mensch.‘ ‚Was meinst du, würdest du dann wohl jemals keine Trauer haben? Wer hundertfaches Liebes hat, hat hundertfaches Leid, wer neunzigfaches Liebes hat, hat neunzigfaches Leid ..., wer ein Liebes hat, hat ein Leid. Nur wer kein Liebes hat, hat kein Leid. Ich sage dir, nur der ist ohne Kummer.‘ Bei dieser Gelegenheit sprach der Erhabene die folgende Strophe:*

Die Kümmernisse, Wehklagen und Leiden,
Die stets erneut in dieser Welt erscheinen,
Sie sind nur da, solang wir etwas lieben.
Wenn man nichts liebt, hat man nichts zu beweinen,
Drum sind die glücklich nur und ohne Trauer,
Die hier auf Erden nicht an etwas hangen.

Wer frei von Trübsal, frei von Leid will werden,
Befreie sich von liebendem Verlangen.

Solange Kinder an Sandburgen ihre Freude haben, hängen sie an ihnen. Wenn sie aber die Lust an ihnen verloren haben, zerstören sie sie und spielen nicht mehr mit ihnen.“

Die Feuerpredigt, die wir als abschließendes Textbeispiel für die buddhistische Genußfeindlichkeit heranziehen wollen, soll der Buddha neubekehrten Asketen gehalten haben, die zuvor brahmanischem Ritual zufolge das Feuer verehrt hatten. In dem Sinnbild haben wir eine erstaunliche Parallele zu dem *panta rhei*, „Alles fließt“, des Heraklit. Denn die buddhistische Feuerpredigt beginnt so: *„Alles brennt. Und was alles brennt? Das Auge, die Seh-Objekte, das Seh-Bewußtsein, die Berührung des Auges mit den Objekten und die angenehme, unangenehme oder indifferente Empfindung, die durch diese Berührung des Auges entsteht. Und wodurch brennt das? Durch das Feuer der Gier, durch das Feuer des Hasses, durch das Feuer des Wahns brennt es. Durch Geburt, Altern, Sterben, Kummer, Wehklagen, Schmerz, Gram und Verzweiflung brennt es. (Dasselbe wird von den übrigen Sinnesorganen [also Gehör, Geruch, Geschmack, Tastsinn] und dem Denken gesagt.) Wenn ein gut unterrichteter edler Jünger dies sieht, dann wird er alles dessen überdrüssig. Indem er überdrüssig wird, wird er leidenschaftslos, durch Leidenschaftslosigkeit wird er erlöst.“*[23]

Der Erlösungsweg des Urbuddhismus

Wir haben uns bisher mit dem Buddhismus als oppositioneller Reformbewegung befaßt. Wir wollen uns nun den positiv formulierten Geboten, Forderungen und Lehren des Urbuddhismus zuwenden. Wir bewegen uns dabei immer noch im Bereich des vorkanonischen Buddhismus, d.h. wir rücken dabei Material in den Vordergrund, das im Vergleich mit anderen Textschichten als das älteste Stratum der Überlieferung gelten muß.

Im Kern dieser ältesten Textschicht finden wir eine ethische Lehre. Diese Ethik soll durch den Verstand kontrolliert werden. Sie gilt gleichermaßen für Laien und Mönche; doch ist der Lebenswandel der Mönche natürlich durch mehr Verbote geregelt als der der Laien. Wir werden daher bei der Darstellung der frühbuddhistischen Erlösungsethik so vorgehen, daß wir zunächst die Laienethik und anschließend die Mönchsethik besprechen.

Laienethik: Sittlichkeit und Vernunft

Es gibt eine zentrale kanonische Lehrrede, die in ihrem Kern die grundsätzliche Bedeutung der vom Verstand kontrollierten Sittlichkeit hervorhebt. Ich meine das Shonatândyasûtra[24], die Lehrrede, in welcher der Buddha mit dem hochangesehenen, altehrwürdigen Brahmanen Shonatândya disputiert. Der Buddha eröffnet das Streitgespräch mit der Frage, welche Eigenschaften von einem wahren Brahmanen zu fordern sind. Shonatândya, erfreut, als Hochbrahmane auf seinem ureigenen Gebiet befragt zu sein, nennt daraufhin fünf Tugenden eines wahren Brahmanen, nämlich Hochkastigkeit, Gelehrsamkeit, Hellhäutigkeit, Sittlichkeit und Verstand. Der Buddha fragt nun, ob eine dieser fünf Eigenschaften auch fehlen könne. Shonatândya antwortet, auf hohe Geburt könne man verzichten; wenn Gelehrsamkeit, Hellhäutigkeit, Sittlichkeit und Verstand in einem jungen Mann vorhanden seien, dürfe man ihn immer noch als einen wahren Brahmanen gelten lassen. Der Buddha gibt sich aber noch nicht zufrieden, er fragt weiter, und Shonatândya ist bereit, auch auf die Eigenschaften der Gelehrsamkeit und Hellhäutigkeit zu verzichten; – nicht ohne Protest übrigens der brahmanischen Zuhörer, die ihre Privilegien der Geburt, Rasse und traditionellen Bildung nicht so ohne weiteres preisgeben wollen.

Und noch einmal fragt der Buddha, ob denn eine der beiden Eigenschaften sittlicher Lebenswandel und Verstand fehlen könnten und ob man dann einen Menschen immer noch als wahren Brahmanen zu bezeichnen berechtigt sei. Das aber verneint Shonatândya. Sittlichkeit und Verstand seien unverzichtbar, und sie gehörten unabdingbar zusammen; ein sittlicher Mensch sei auch vernünftig, und ein vernünftiger Mensch müsse auch einen sittlichen Lebenswandel befolgen. Dem pflichtet der Buddha bei, und er veranschaulicht diese Forderung mit einem Bild: *„Sehr wohl, sehr wohl. Es ist, wie du sagst. Wo Sittlichkeit, ist auch Verstand; wo Verstand, da ist auch Sittlichkeit. Sittlichkeit vermag den Verstand zu reinigen, und Verstand reinigt die Sittlichkeit. Es ist wie mit einem Mann, der sich die Hände wäscht: die linke und die rechte Hand müssen sich aufeinander verlassen. Die linke vermag die rechte zu reinigen, und die rechte reinigt die linke. Genauso ist es auch hier: Wo Sittlichkeit, ist auch Verstand; wo Verstand, da ist auch Sittlichkeit. Sittlichkeit vermag den Verstand zu reinigen, und Verstand reinigt die Sittlichkeit."* (Chinesischer Dîrghâgama, 96b16-20)

Worin besteht aber nun der sittliche Lebenswandel nach buddhistischer Auffassung? Der buddhistische Verfasser dieses Textes hatte dem Brahmanen Shonatândya bereits die Grundregeln buddhistischer Sittlichkeit in den Mund gelegt. Es sind die fünf Verbote, die am Anfang des buddhistischen Sittengesetzes stehen. Bis auf den heutigen Tag muß jeder, der zum Buddhismus übertreten will, geloben, diese fünf Verbote zu beachten. Verboten sind – um die fünf Punkte noch einmal zu wiederholen – Töten (auch von Tieren), Diebstahl, Lüge, Ehebruch und der Genuß von Alkohol. Dies sind aber auch schon die einzigen Verpflichtungen, die für einen buddhistischen Laienanhänger als unbedingt verbindlich gelten.

Es handelt sich dabei um einfache, ja universale Grundregeln der Ethik, wie wir sie auch in anderen Weltreligionen finden. Bemerkenswert ist dabei, daß im Shonatândyasûtra keinerlei metaphysische Begründung für diese Ethik gegeben wird. Es fehlt die außerweltliche Verankerung, der Hinweis etwa auf ein metaphysisches Prinzip, durch das diese sittlichen Verbote bedingt sind. Stattdessen die Forderung der Vernunft: Der Verstand soll den sittlichen Lebenswandel kontrollieren, „reinigen", wie das Bild von den sich gegenseitig waschenden Händen es ausdrückt. Umgekehrt soll die Sittlichkeit auch den Verstand reinigen, was bedeutet, daß ein Verstand ohne ethische Normung abgelehnt wird. Bloße Büchergelehrsamkeit beispielsweise hat ohne die vom Buddhismus geforderte ethische Dimension keinen Bestand.

Sittlichkeit und Vernunft sind also die beiden Grundpfeiler, auf die das gesamte Gebäude der Religion des Buddhismus gegründet ist. Sittliches Handeln, das vom gesunden Menschenverstand kontrolliert wird, gilt für Laien gleichermaßen wie für Mönche. Der Laie braucht sich zunächst an nichts weiter zu halten. Nicht einmal die Kenntnis der buddhistische Lehre ist für ihn unabdingbare Voraussetzung. Mit ihr sollen sich die Mönche auseinandersetzen und sie den Laien predigen, wenn sie sie hinlänglich verstanden haben. Natürlich kann religiöse Gelehrsamkeit auch dem Laien nichts schaden. Sie ist aber für ihn sozusagen fakultativ, nicht obligatorisch.

Wenn ein Mensch bereit ist, die fünf Verbote des buddhistischen Sittengesetzes zu akzeptieren und zum Buddhismus überzutreten, vollzieht er diesen Beitritt durch das Aussprechen der Formel, die im Pâli folgendermaßen lautet:

Buddham saranam gacchâmi,
dhammam saranam gacchâmi,
sangham saranam gacchâmi

„Ich nehme meine Zuflucht zum Buddha.
Ich nehme meine Zuflucht zur Lehre.
Ich nehme meine Zuflucht zur Gemeinde."

Im Buddhistischen Chinesisch (z.B. DÂ 87c27) sagt man:

我歸依佛歸依法歸依僧
wǒ guī-ī fó guī-ī fǎ guī-ī sēng

Man nennt diese drei, Buddha, Lehre und Gemeinde, auch die Drei Juwelen. Mit dieser Formel – vergleichbar dem christlichen Glaubensbekenntnis oder der Fatiha des Islam – bekennt man sich als buddhistischer Laienanhänger bzw. Laienanhängerin und gelobt, die fünf Verbote zu beachten. Indem der Laie eine vergleichsweise einfache, leicht verständliche Laienethik befolgt und es vermeidet, zu töten, zu stehlen, zu lügen, ehezubrechen und Alkohol zu trinken, führt er bereits ein Leben als Buddhist. Er braucht dazu weder metaphysischen Glauben, noch philosophische Spekulation, auch keine kultische Buddha-Verehrung.

Aber abgesehen von den beiden Grunderfordernissen der Ethik und der Vernunft waren die buddhistischen Laien seit frühesten Zeiten gehalten, Almosen zu spenden. Schließlich sind die buddhistischen Ordinierten Bettelmönche, die einzig und allein durch Almosen ihren Lebensunterhalt bestreiten. Es kann daher nicht verwundern, wenn die Mönche von Anfang an auf ausreichende Almosenspende großen Wert legten. Doch nicht nur die Mönche haben ihren Nutzen von der Spendefreudigkeit der Laien, auch der Spender selbst erwirbt sich durch dieses gute Werk, durch sein gutes Karma, religiöses Verdienst, das ihn der Erlösung näherbringt. Das Nirvâna erlangt man am besten als buddhistischer Mönch oder als Nonne, also in einer Existenz, in der man die religiöse Reife erlangt hat, die einem zu dem Entschluß verhilft, der Welt zu entsagen. Wir kommen damit nach der Laienethik zur Mönchsethik sowie zu der sich darauf gründenden Erlösungstheorie und Erlösungspraxis, wie wir sie für den frühesten Buddhismus rekonstruieren können.

Mönchsethik: Der Mittlere Weg und die Vier Wahrheiten

Die „Predigt von Benares" soll die erste Lehrrede sein, die der Buddha überhaupt gehalten hat. Die Legende will es, daß Gautama, als er das Nirvâna erlangt hatte, von Bodh Gayâ, dem Ort der Erlösung, nach dem Park Isipatana, heute Sarnâth, einem Ort zehn Kilometer östlich von Benares, wanderte. Dort traf er fünf Mönche, die einst, vor seiner Erleuchtung, mit ihm zusammen nach dem Weg zur Erlösung gesucht haben sollen, weil sie sich von dem Asketen Gautama das rechte Wissen erhofften. Als aber seinerzeit Gautama sein extremes Fasten aufgegeben hatte, da er es für einen erlösungshinderlichen Irrweg hielt, hatten sich jene fünf enttäuscht von ihm abgewandt, denn ihrer Meinung nach frönte Gautama wieder dem Wohlleben. Diesen fünf Mönchen also hielt der Buddha seine erste Predigt, und die fünf Zweifler sollen sich daraufhin spontan zu seiner Lehre bekannt haben. Indem sie zu den ersten buddhistischen Mönchen wurden, begründete der Buddha mit dieser Predigt von Benares seine Lehrtätigkeit. Sie gilt daher in der buddhistischen Welt als „die Lehrrede des Andrehens des Rades der Lehre", im Sanskrit Dharmacakrapravartanasûtra. Das tausendspeichige Rad der Lehre gehört zu den ersten Motiven der buddhistischen Kunst überhaupt. Zusammen mit den Fußstapfen und dem Thron ersetzte es in den ersten Jahrhunderten die Darstellung des Buddha, als man sich noch scheute, den Stifter figürlich abzubilden.

Die berühmte Predigt von Benares, mit der die Ausbreitung des Buddhismus begonnen haben soll, hat diesen Wortlaut:

Folgende zwei Extreme, ihr Mönche, sollten von einem, der der Welt entsagt hat, nicht verfolgt werden. Welche zwei? Da ist einerseits diese auf die Begierden gerichtete Hingabe an die Annehmlichkeit der Begierde, die niedrig, grob, gemein, unedel und zwecklos ist, und andererseits diese Hingabe an Selbstpeinigung, die leidvoll, unedel und zwecklos ist. Diese beiden Extreme, ihr Mönche, hat der Vollendete vermieden, und es ist ihm der Mittlere Pfad vollständig aufgegangen; er macht sehend, verleiht Einsicht und führt zur Ruhe, zum höheren Wissen, zum Erwachen und zum Nirvâna.

Und welches, ihr Mönche, ist der dem Vollendeten vollständig aufgegangene Mittlere Pfad, der sehend macht, Einsicht verleiht und zur Ruhe, zum höheren Wissen, zum Erwachen und zum Nirvâna führt? Es ist eben dieser Edle Achtgliedrige Weg, nämlich: rechte Sicht, rechte Gesinnung, rechte Rede, rechtes Handeln, rechte Lebensführung, rechtes Bemühen, rechte Achtsamkeit und rechte Konzentration. Dies fürwahr, ihr Mönche, ist der dem Vollendeten vollständig aufgegangene Edle Achtgliedrige Weg, der sehend macht, Einsicht verleiht und zur Ruhe, zum höheren Wissen, zum Erwachen und zum Nirvâna führt.

Dies nun, ihr Mönche, ist die Edle Wahrheit vom Leiden: Geburt ist leidvoll, Alter ist leidvoll, Krankheit ist leidvoll, Sterben ist leidvoll; mit Unlieben vereint zu sein, ist leidvoll; von Lieben getrennt zu sein, ist leidvoll; nicht zu erlangen, was man begehrt, ist leidvoll. Kurz gesagt, die „fünf Gruppen des Ergreifens" sind leidvoll.

Dies nun, ihr Mönche, ist die Edle Wahrheit von der Entstehung des Leidens: Es ist dieser Wiedergeburt erzeugende, von Wohlgefallen und Lust begleitete Durst, der bald hier, bald dort sich ergötzt, das will sagen: der Durst nach Sinnenlust, der Durst nach Werden, der Durst nach Vernichtung.

Dies nun, ihr Mönche, ist die Edle Wahrheit von der Aufhebung des Leidens: Es ist ebendieses Durstes restlose, durch Gleichmut (erreichte) Aufhebung, seine Aufgabe, Preisgabe, die Erlösung und das Freisein von ihm.

Dies nun, ihr Mönche, ist die Edle Wahrheit von dem zur Aufhebung des Leidens führenden Pfad: Es ist eben dieser Edle Achtgliedrige Weg, nämlich: rechte Sicht, rechte Gesinnung, rechte Rede, rechtes Handeln, rechte Lebensführung, rechtes Bemühen, rechte Achtsamkeit und rechte Konzentration. (So die Pâli-Fassung, zitiert nach U. Schneider: *Einführung in den Buddhismus*, ^{2}1987, S. 72f.)

Der erste Teil der Predigt von Benares handelt vom Mittleren Weg. Die Predigt beginnt mit der Feststellung, daß die beiden Extreme Genußsucht und Askese vermieden werden sollen und daß der Erlösungsweg des Buddha ein Mittelweg ist, der zwischen den Exzessen von Lust und Leid liegt.

Wir hatten diese beiden Punkte, den buddhistischen Antihedonismus und seine Askesefeindlichkeit, bereits ausführlich besprochen, sie gehörten zu den sechs oppositionellen Zügen des frühen Buddhismus, der sich als Reformbewegung verstand. Wir müssen uns nun mit dem beschäftigen, was der Buddhismus der Verneinung von

Askese und Begierde positiv entgegenzusetzen hatte, und das war eben der Mittlere Weg (Sanskrit *madhyama pratipad* oder *mârga*), der im Chinesischen auch der Eine Weg (一道 ī dào) oder im Pâli der „direkte Weg“ *(ekâyana magga)* heißt, nämlich der eine Weg, der direkt „zur Ruhe, zum höheren Wissen, zum Erwachen und zum Nirvâna“ führt.

Dieser Mittlere Weg ist identisch mit der vierten der Vier Wahrheiten, die den zweiten Teil der Predigt von Benares bilden. Der Mittlere Weg, als vierte Wahrheit, ist ihr Abschluß und Höhepunkt.

Die Vier Wahrheiten sind, wie wir hörten, die Wahrheit vom Leiden, von der Entstehung des Leidens, von der Aufhebung des Leidens und vom Weg, der zur Aufhebung des Leidens führt. Es ist oft und zutreffend beobachtet worden, daß diese Vier Wahrheiten des Buddhismus in ihrem Aufbau der medizinischen Wissenschaft ähneln mit ihren vier Gebieten der Diagnostik, Pathologie, Therapeutik und Pharmazie. Am Anfang steht die Diagnose mit der Feststellung: Der Mensch leidet, alles, woraus der Mensch besteht, ist Leiden. Es folgt die Suche des Pathologen nach der Leidensursache. Der Arzt, der die universale Leidhaftigkeit des Daseins kurieren will, findet die Entstehung des allumfassenden Leidens begründet in der Gier. Ist die Ursache des Leidens gefunden, so folgt die Therapie. Und der Therapievorschlag ist einleuchtend: Wenn die Ursache der Krankheit namens Existenz die Gier ist, so liegt Heilung nur in der Beseitigung und Aufhebung dieser Gier. Als Medizin schließlich stellt der Pharmazeut ein Mittel bereit, nämlich den Mittleren Weg, der durch Vermeidung äußerster Lust und äußersten Leids die Gier zum Erlöschen bringt und dadurch zum Nirvâna führt.

Betrachten wir diese Vier Wahrheiten im einzelnen. Die erste Wahrheit besagt, daß die „fünf Gruppen des Ergreifens“ leidvoll sind. Wir erinnern uns: Die „fünf

Gruppen des Ergreifens“ sind alles das, was den Menschen ausmacht. Wir waren diesem Fachausdruck bei der buddhistischen Skepsis gegenüber dem Vorhandensein einer Seele begegnet. Abgesehen also davon, daß eine Seele in allen fünf Gruppen oder Kategorien, aus denen der Mensch sich zusammensetzt, nicht nachgewiesen werden kann, sind diese fünf Konglomerate von Daseinsfaktoren auch leidvoll. Die fünf sind: erstens der Körper mit all seinen Organen und Funktionen, zweitens das Gefühl, drittens die Wahrnehmung, viertens die unbewußten Einprägungen und fünftens das Bewußtsein. Alles, woraus der Mensch besteht, und damit die gesamte menschliche Existenz mit Geburt, Alter, Krankheit, Sterben, menschliche Gesellschaft oder Einsamkeit, alle Arten von Frustration: all dies ist leidvoll. Das ist das grundlegende Axiom des Buddhismus, von den Anfängen durch alle Phasen seiner Entwicklung hindurch, und jeder, der sich als Buddhist bezeichnet, muß dieses Axiom akzeptieren, muß von der grundsätzlichen Wahrheit dieses Satzes überzeugt sein, daß die gesamte menschliche Existenz leidvoll ist.

Nun wird der Nicht-Buddhist natürlich einwenden, daß dies doch viel zu einseitig gesehen ist, daß es vielmehr ganz ohne Zweifel im Leben eines jeden Menschen auch Momente des Glücks und der Freude gibt, und daß man diesen freudvollen Aspekt menschlicher Existenz nicht so ohne weiteres ignorieren darf. Die Antwort des Buddhismus auf diesen Einwand lautet: Natürlich gibt es Glück und Freude, aber es ist sinnlos, nach ihnen zu streben, weil sie vergänglich sind. Gäbe es ein dauerhaftes Glück auf Erden, so wäre der Buddhismus überflüssig. Die Einsicht in die Vergänglichkeit weltlicher Freuden aber vergällt jeden Genuß. Wer nach dem Glück hascht, betrügt sich nur selbst. Denn jedes Glück trägt den Keim des Leids bereits in sich. Es wird mit Sicherheit ein Ende haben, und was unter dem Strich bleibt, ist Alter, Krankheit, Sterben, und die sind leidvoll. Ungeachtet also aller ephemeren Momente flüchtiger Freude ist die menschliche Existenz ihrem wahren, grundsätzlichen Wesen nach Leiden.

Die zweite Wahrheit besagt, daß die Ursache des Leidens der Durst ist. Durst ist als Metapher für die Gier überhaupt zu verstehen. Dieser Durst ist dreifach gerichtet: Den Menschen dürstet es nach Sinnenlust, nach Werden und nach Vernichtung. Und dieser Durst, das wird ausdrücklich gesagt, „erzeugt Wiedergeburt". Die Wiedergeburt ist nach buddhistischer Auffassung nicht an die Weiterexistenz einer ewigen Seele gebunden – darin unterscheidet sich der Buddhismus vom Hinduismus –, sondern sie ist als ein Weiterwirken des Karma-Potientials eines jeden Individuums zu verstehen. Die Werke eines Menschen bleiben nicht folgenlos, sondern sind direkte Ursache für die Existenz eines nächsten Individuums, das mit dem vorhergehenden weder identisch noch von ihm verschieden ist, mit dem es aber in einem ethischen Konditionalnexus zusammenhängt. Genauso wie eine Kerzenflamme, die an einer anderen entzündet wurde: Sie ist zwar nicht mit der Zündflamme identisch, hängt aber von ihr ab.

Wenn also die Einsicht in die Leidhaftigkeit menschlicher Existenz das eine Axiom des Buddhismus ist, so ist der Glaube an die Wiedergeburt das andere. Wie ein Christ die Existenz eines personalen Gottes, das Vorhandensein der Seele und das Weiterleben nach dem Tode zwar nicht beweisen kann, aber daran glauben muß, wenn er als Christ gelten will, so kann der Buddhist die grundsätzliche Leidhaftigkeit menschlichen Daseins und die den Taten entsprechende Wiedergeburt auch nicht nachweisen, aber er muß an sie glauben, sonst wäre er kein Buddhist.

Wer nach Befriedigung der Sinnenlust giert, verstrickt sich immer tiefer ins Dasein. Dieselbe Auswirkung hat auch die Gier nach „Werden", ebenso wie die Gier nach

Vernichtung. Wer nach der Vernichtung anderer trachtet, schadet damit letztlich sich selbst. Und aus diesem Grunde ist auch der Selbstmord kein Ausweg aus dem Leiden menschlicher Existenz, denn er zieht nur eine erneute Wiedergeburt nach sich, und zwar noch dazu eine, die von unheilvollem Karma determiniert ist. Selbstmord ist nach buddhistischem Verständnis also nur ein schlechter Start in eine neue Existenz.

Die dritte Wahrheit folgert aus dem bisher Gesagten, daß die Gier beseitigt werden muß, der Durst nach Sinnenlust, Werden und Vernichtung. Darüber hinaus fordert sie zweierlei: Die Vernichtung des Durstes muß restlos sein; und an die Stelle des Durstes soll Gleichmut treten.

Wie aber kann man sich von diesem Daseinsdurst befreien? Die Antwort darauf enthält die vierte Wahrheit, die Wahrheit vom Edlen Weg, wie sie auch genannt wird. Es ist der Mittlere Weg, der, wie wir eingangs hörten, die Mitte zwischen Lust und Leid einhält, und der eine Reihe von acht Begriffen enthält, die den frühesten buddhistischen Weg zur Erlösung darstellen. Der Buddhismus hat in späteren Phasen seiner Entwicklung neue Erlösungswege entwickelt. Dieser aber ist der älteste und wichtigste, weil er von Anfang an im Zentrum der Religion des Buddhismus steht.

Der Mittlere Weg besteht aus den acht Begriffen Sicht, Gesinnung, Rede, Handeln, Lebensführung, Bemühen, Achtsamkeit und Konzentration, die auf die „rechte“ Weise auszuführen sind, nämlich auf die buddhistische Art, und nicht auf die falsche, unbuddhistische. Am Anfang steht, einleuchtenderweise, die rechte Sicht, also die Einsicht in die Richtigkeit der Vier Wahrheiten. Den buddhistischen Heilsweg kann nur beschreiten, wer daran glaubt, daß die Vier Wahrheiten richtig sind, wer also die beiden grundlegenden Sätze von der Leidhaftigkeit der menschlichen Existenz und der tatengesteuerten Wiedergeburt akzeptiert, wer die Gier als Ursache des Leidens erkannt hat und sie mit Hilfe des Achterweges beseitigen will. Auf rechte Sicht folgen die drei Begriffe Gesinnung, Rede und Handeln, die zusammengehören. Sie erklären sich aus der bereits vorbuddhistischen Dreiteilung des Karma in Gedanken, Worte und Werke. Grundlage des buddhistischen Heilswegs ist also ein ethischer Lebenswandel, ein Befund, der nicht überrascht, denn wir hatten ja bereits bei der Behandlung des Laien-Buddhismus Ethik und Vernunft als die beiden Grundpfeiler der frühbuddhistischen Lehre kennengelernt. Hier nun, im Achterweg, beginnt der Weg zur Erlösung ebenfalls mit dem Lebenswandel, der in Gedanken, Worten und Taten so ausgerichtet werden soll, daß er der Erlösung förderlich ist. Das hat dann auch seine Auswirkung auf die Lebensführung, den fünften Punkt des Mittleren Weges, worunter vor allem die Wahl des Berufs zu verstehen ist, für den Mönch die Art des Almosenerwerbs. Bestimmte Berufe, etwa solche, die mit der Tötung von Lebewesen verbunden sind, wie die des Metzgers oder Henkers, scheiden für einen Buddhisten zwangsläufig aus.

Der älteste Kommentar zum Achterweg, das Sûtra vom Edlen Weg[25], erklärt, daß die beiden nun folgenden Begriffe, Bemühung und Achtsamkeit, die bisher genannten fünf Punkte ständig korrigierend begleiten sollen. Sie richteten sich darauf, die ersten fünf Glieder des Achterweges, wenn sie falsch sind, zu beseitigen, und wenn sie richtig sind, zu pflegen. Und die sieben ersten Glieder des Mittleren Weges seien allesamt nur Hilfsdisziplinen des letzten, der Konzentration, worunter „Zusammenschluß des Geistes" zu verstehen sei. Doch sehen wir uns die drei letzten Punkte eingehender an. Daß rechte Bemühung den ethischen Lebenswandel ständig begleiten soll, ist nicht weiter erklärungsbedürftig: ohne Fleiß kein Preis. Anders aber steht es mit den beiden Begriffen der Achtsamkeit und Konzentration. Hierbei handelt es sich um zwei bestimmte Meditationstechniken, von denen also die erste, nämlich die sogenannte „Achtsamkeit", ebenfalls, wie die Bemühung, die anderen Glieder des Weges korrigierend begleiten soll. Die zweite Meditationstechnik, die „Konzentration" genannt wird, steht am Ende des Weges. Sie wird mit „Zusammenschluß des Geistes" beschrieben. Der Meditierende soll sein Denken auf einen Punkt sammeln, konzentrieren, eine Technik, die man auch so beschreiben kann, daß sie die Aufhebung des Unterschieds zwischen Subjekt und Objekt, zwischen Denker und Denkgegenstand zum Ziel hat. Diese Art meditativer Konzentration läßt für den Meditierenden die Welt mit ihren Sinnesobjekten verschwinden. Und mit den Sinnesobjekten erlischt zwangsläufig auch die Begierde nach diesen Objekten, wodurch die Aufhebung des Leidens (dritte Wahrheit) erreicht wird.

Die Achtsamkeits-Meditation

Die Meditationsmethode der „Achtsamkeit" ist für den Geist des Buddhismus so kennzeichnend, daß wir sie eingehender darstellen wollen. Sie besteht in extremer Selbstbeobachtung, darin, sich ständig seiner sämtlichen körperlichen, emotionalen und intellektuellen Vorgänge bewußt zu sein, sie Schritt für Schritt bis ins kleinste Detail bewußt zu machen und bewußt zu halten. Diese Achtsamkeit hat die Einsicht in die Vergänglichkeit der Daseinsfaktoren, deren Zusammenballung man als Individuum zu registrieren gewohnt ist, zur Folge. Gerade auch in neuerer Zeit ist diese alte Meditationstechnik, die bis in die Anfänge des Buddhismus zurückreicht, von Burma aus wieder verstärkt propagiert worden. Sie ist bekannt unter der Pâli-Bezeichnung Satipatthâna, was soviel heißt wie „Plazierung der Achtsamkeit". Sie beruht auf einem kanonischen Text, dem sog. „Langen Sûtra von den Plazierungen der Achtsamkeit", aus dem ich im folgenden zitiere, um einen Eindruck von dieser in der Welt des Buddhismus in höchster Wertschätzung stehenden Achtsamkeitsmeditation zu geben.[26]

Da ist hier, o Mönche, der Mönch in den Wald gegangen, an den Fuß eines Baumes oder in eine leere Behausung. Er setzt sich nieder, mit verschränkten Beinen, den Körper gerade aufgerichtet, die Achtsamkeit vor sich gegenwärtig haltend, und achtsam eben atmet er ein, achtsam atmet er aus.

Lang einatmend, weiß er: ‚Ich atme lang ein'; lang ausatmend, weiß er: ‚Ich atme lang aus'. Kurz einatmend, weiß er: ‚Ich atme kurz ein'; kurz ausatmend, weiß er: ‚Ich atme kurz aus'. ‚Den ganzen Körper empfindend, werde ich einatmen', so übt er; ‚Den ganzen Körper empfindend, werde ich ausatmen', so übt er. ‚Die Körper-Funktion beruhigend, werde ich einatmen', so übt er; ‚Die Körper-Funktion beruhigend, werde ich ausatmen', so übt er …

Und weiter noch, o Mönche: Gehend weiß da der Mönch: ‚Ich gehe'; stehend weiß er: ‚Ich stehe'; sitzend weiß er: ‚Ich sitze'; liegend weiß er: ‚Ich liege'. Wie auch immer seine Körperstellung ist, so eben weiß er es.

So weilt er nach innen beim eigenen Körper in Betrachtung des Körpers; oder er weilt nach außen beim Körper in Betrachtung des Körpers; oder er weilt nach innen und außen beim Körper in Betrachtung des Körpers. Die Dinge in ihrem Entstehen betrachtend, weilt er beim Körper; die Dinge in ihrem Vergehen betrachtend, weilt er beim Körper; die Dinge in ihrem Entstehen und Vergehen betrachtend, weilt er beim Körper. ‚Ein Körper ist da', so ist seine Achtsamkeit gegenwärtig, eben nur soweit es der Erkenntnis dient, soweit es der Achtsamkeit dient. Unabhängig lebt er, und an nichts in der Welt ist er angehangen …

Und weiter noch, o Mönche: da ist der Mönch beim Hingehen und Zurückgehen wissensklar in seinem Tun;

beim Hinblicken und Wegblicken, Beugen und Strecken, bei Tragen der Gewänder und der Schale, beim Essen, Trinken, Kauen und Schmecken, beim Entleeren von Kot und Urin, beim Gehen, Stehen, Sitzen, Einschlafen, Wachen, Reden und Schweigen ist er wissensklar in seinem Tun …

Und weiter noch, o Mönche: da betrachtet der Mönch eben diesen Körper von den Fußsohlen aufwärts und von den Haarspitzen abwärts, den von Haut umschlossenen, mit vielerlei Unreinheit gefüllten: ‚In diesem Körper gibt es Kopfhaare, Körperhaare, Nägel, Zähne, Haut, Fleisch, Sehnen, Knochen, Knochenmark, Nieren, Herz, Leber, Zwerchfell, Milz, Lunge, Darm, Weichteile, Magen, Kot, Galle, Schleim, Eiter, Blut, Schweiß, Fett, Tränen, Gewebesaft, Speichel, Nasenschleim, Gelenköl, Urin.' …

Und weiter noch, o Mönche: als sähe der Mönch einen Körper, auf das Leichenfeld geworfen, einen Tag nach dem Tode, zwei Tage nach dem Tode oder drei Tage nach dem Tode, aufgedunsen, verfärbt und verfaulend. Da wendet er es auf eben diesen seinen eigenen Körper an: ‚Auch dieser Körper ist so geartet, so beschaffen, wird dem nicht entgehen!' …

Und weiter noch, o Mönche: als sähe der Mönch einen Körper, auf das Leichenfeld geworfen, von Krähen zerfressen, von Adlern zerfressen, von Geiern zerfressen, von Hunden zerfressen, von Schakalen zerfressen oder von den vielerlei Würmerarten zerfressen. Da wendet er es auf eben diesen seinen eigenen Körper an: ‚Auch dieser Körper ist so geartet, so beschaffen, wird dem nicht entgehen!' …

Und weiter noch, o Mönche: als sähe der Mönch einen Körper, auf das Leichenfeld geworfen, ein Knochengerippe, fleischbehangen, blutig, von den Sehnen zusammengehalten, ein Knochengerippe, fleischentblößt, blutbefleckt, von den Sehnen zusammengehalten, ein Knochengerippe, ohne Fleisch, ohne Blut, von den Sehnen zusam-

mengehalten, die Knochen, ohne Zusammenhalt, in alle Richtungen verstreut: hier ein Handknochen, da ein Fußknochen, da ein Beinknochen, da ein Schenkelknochen, da ein Hüftknochen, da ein Rückenwirbel, da der Schädel; die Knochen gebleicht, muschelfarbig, die Knochen zuhauf, jahrelang daliegend, die Knochen modernd, zu Staub geworden. Da wendet er es auf eben diesen seinen eigenen Körper an: ‚Auch dieser Körper ist so geartet, so beschaffen, wird dem nicht entgehen!' …

Drei Axiome

Wir haben damit die wesentlichen Inhalte der frühesten buddhistischen Lehre zusammengestellt. Wir hatten sie aufgeteilt in einen ersten, negativen Teil; es folgten, auf der positiven Seite, die Lehren, die für den Urbuddhismus konstitutiv sind. Doch auch die von uns hervorgehobenen sechs oppositionellen Züge des aufkeimenden Buddhismus erschöpfen sich nicht im rein Negativen. Der Antiklerikalismus, die Ablehnung der brahmanischen Ständehierarchie, führte nämlich konsequenterweise hin zu dem Ideal der ursprünglichen Gleichheit aller Wesen. Diese Gleichheit ist die Voraussetzung für die Möglichkeit der Erlösung für jedermann und ist damit grundlegend für den Buddhismus als Universalreligion. Der Antiritualismus ging über in die Ethisierung des magischen Denkens; nicht mehr das korrekt ausgeführte Ritual war heilswirksam, sondern der ethische Lebenswandel. Der Antitheismus wendete sich positiv in die Betonung der individuellen Selbsterlösung, den Anspruch, daß Erlösung nicht von außen, nicht durch die Gnade eines Gottes oder durch Karma-Übertragung, erlangt werden kann, sondern nur durch eigene Bemühung. Die Ablehnung der Metaphysik, etwa des Glaubens an eine unvergängliche Seele oder an das Wunder, hatte Rationalismus zur Folge, begleitet von fast schon säkularistischen Zügen wie der Behauptung, daß die Erlösung „noch im gegenwärtigen Leben“ möglich sei. Und der urbuddhistische Antiasketizismus wie auch sein Antihedonismus gipfelten in der Erkenntnis, daß die Möglichkeit der Erlösung in der Mitte zwischen Leid und Lust liege, eine Einsicht, die zur Formulierung des Mittleren Weges führte.

So ist der Urbuddhismus als eine oppositionelle Reformbewegung zu verstehen. Er widersprach den zeitgenössischen gesellschaftlichen und religiösen Ideologien und Erlösungslehren, ließ es aber nicht beim Widerspruch bewenden, sondern ersetzte die durch ihn überholten Lehrsätze, indem er sie im Sinne seines neuen ethischen und rationalen Erlösungsstrebens umdeutete.

Jede Religion hat ihre Axiome, ihre ebenso unabdingbaren wie unbeweisbaren Grundvoraussetzungen, die jeder Gläubige akzeptieren muß. Seit den Anfängen des Buddhismus finden wir drei solcher Axiome, die bei allen späteren Änderungen, Modifikationen, Umdeutungen, Neuentwicklungen, ja Rückentwicklungen der buddhistischen „Fahrzeuge“ unverändert Gültigkeit behielten. Diese drei Axiome sind erstens der Glaube an die von den Taten gesteuerte Wiedergeburt im Rahmen des zyklischen Weltbildes, zweitens die Überzeugung von der grundsätzlichen Leidhaftigkeit der menschlichen Existenz mit dem sich daraus ergebenden Streben nach außerweltlichem Heil und drittens die Einsicht in die grundsätzliche Gleichheit aller Wesen, wodurch die Möglichkeit der Erlösung für jedermann gegeben ist. Alle nachfolgenden Neuerungen des Buddhismus betreffen nicht diese drei Axiome, sondern vor allem den Heilsweg, also die Antwort darauf, mit welchen Mitteln die Erlösung am besten und leichtesten zu verwirklichen sei. Solche Fortentwicklungen des ältesten Erlösungsweges finden wir bereits in den Lehren des kanonischen Hînayâna-Buddhismus, dem wir uns nun zuwenden wollen.

Lehren des kanonischen Hînayâna

Geschichtliches

Wir hatten uns bisher mit dem präkanonischen Buddhismus beschäftigt, das heißt also mit den Anfängen der buddhistischen Lehrverkündigung überhaupt, noch vor dem langen Prozess der allmählichen Systematisierung und Kanonisierung. In dieser ersten, vorkanonischen Phase blieb der Buddhismus auf Nordindien beschränkt. Die Umgangssprache oder Koine des Ursprungslands des Buddhismus hieß Ardha-Mâgadhî, d.i. „Halb-Mâgadhî", eine Sprache, die sich durch einige dialektale Besonderheiten von der Mâgadhî, der Sprache des Staates Magadha im 5. bis 4. Jahrh. v. Chr., dem heutigen nordindischen Bundesstaat Bihâr, unterscheidet. Ardha-Mâgadhî ist somit die Sprache, in der auch der Buddha gepredigt haben wird. Einzelne Titel von präkanonischen Lehrreden in Ardha-Mâgadhî sind in Ashokas Edikt von Bairât erhalten, etwa über „die Vorzüglichkeit der Mönchszucht" oder „die Ermahnung an Râhula", den Sohn des Buddha. Die präkanonischen Lehrreden wurden aber auch in anderen lokalen mittelindischen Dialekten tradiert, in verschiedenen Prâkrits, den „natürlichen" Sprachen, wie sie im Unterschied zum Sanskrit, der „Kunst-Sprache", genannt werden.

Die buddhistische Tradition berichtet von drei Konzilen, die in der Anfangszeit des Buddhismus stattgefunden haben sollen. Das Pâli-Wort für Konzil ist *sangîti*, was „gemeinsames ‚Singen' = Rezitieren von Texten", bedeutet. Das erste dieser Konzile – so will es die Überlieferung – hat in der Regenzeit unmittelbar nach dem Tod des Buddha in der Stadt Râjagriha, der alten Hauptstadt des Staates Magadha, stattgefunden. Ein Mönch namens Upâli soll die Ordensregel, den Vinaya, rezitiert haben und Ânanda, der als der „Lieblingsjünger" des Buddha gilt, trug aus dem Gedächtnis die Sûtras vor, also die Lehrtexte oder Predigten.

Das zweite Konzil, das von Vaishâlî, berief man wegen Streitigkeiten über die Ordensregel ein; eine Gruppe von Mönchen hatte damit begonnen, laxere Regeln zu praktizieren. Wir finden in dieser Tradition einen Reflex des allmählichen Auseinanderfallens der einzelnen buddhistischen Gemeinden, die sich zum Teil bis in den Dekkhân, also bereits weit nach dem Süden Indiens, ausgebreitet hatten.

Das dritte Konzil, in Pâtaliputra, der neuen Hauptstadt von Magadha, hatte die erste große Spaltung der buddhistischen Gemeinde zur Folge. Man stritt sich über die Eigenschaften des Arhat, also des buddhistischen Heiligen, der den Erlösungsweg des Buddha zu Ende gegangen ist und das Nirvâna erlangt. Ein Arhat unterscheidet sich von einem Buddha nur dadurch, daß er von einem Buddha die buddhistische Lehre gehört hat, während ein Buddha die Lehre von sich aus findet und predigt. Da möglichst viele Mönche den Ehrentitel Arhat tragen wollten, versuchten sie, gewisse Erleichterungen einzuführen: nämlich daß ein Arhat noch Pollutionsträume haben dürfe, daß er noch nicht frei sein müsse von Unwissenheit und Zweifeln, daß er mit fremder Hilfe auf dem Weg zur Erlösung fortschreiten könne – das Mahâyâna mit seinem Bodhisattva-Ideal der Fremderlösung kündigt sich an! – , schließlich, daß er magische Silben als Erlösungshilfe benutzen dürfe – und in diesem letzten Punkt wiederum finden wir Ansätze zum späteren Tantrayâna. Darüber zerbrach der Orden in die beiden Sekten der Sthaviras, der konservativen „Ältesten", und der Mahâsânghikas, die „der Großen Gemeinde zugehörig" sind. Hiermit ist die spätere Teilung in das Hînayâna, das „Kleine Fahrzeug", den südlichen Buddhismus einerseits, und das Mahâyâna, das „Große Fahrzeug“, den nördlichen Buddhismus andererseits programmiert.

Das dritte Konzil soll zur Zeit Ashokas abgehalten worden sein, in dessen Regierungszeit die für das Anwachsen des Buddhismus zur Weltreligion entscheidenden Missionen des Buddhismus fielen. Durch diese Missionen breitete sich der Buddhismus in den nachfolgenden Jahrhunderten sternförmig über ganz Asien aus. Ashoka war der erste indische Universalherrscher, und er setzte sich mit seinen über den gesamten indischen Subkontinent verteilten Felsen- und Säuleninschriften selbst ein Denkmal. Viele dieser Edikte sind bis auf den heutigen Tag erhalten. Sie stellen im übrigen die ältesten indischen Schriftdenkmäler überhaupt dar. Eines der Säulenedikte kann man beispielsweise in Delhi besichtigen. In einer seiner Inschriften erwähnt der Kaiser Ashoka auch die von ihm ausgesandten „Dharma-Boten“, also Missionare, und seine Angabe wird durch eine davon ganz unabhängige Quelle gestützt, nämlich durch die ceylonesischen Kirchenchroniken Dîpavansa und Mahâvansa. Da Ashoka aus politischen Gründen die Universalreligion des Buddhismus als integrierende Kraft zur kulturellen Einigung des von ihm eroberten Riesenreiches benutzte, spielt er für den Buddhismus eine Rolle, die der des Kaisers Konstantin für die Geschichte des Christentums vergleichbar ist.

Nun entsteht auch eine Vielzahl buddhistischer Sekten, die ihre eigenen Kirchengeschichten durchlaufen und separate Texttraditionen pflegen. Von den Mahâsânghikas und den Sthaviras haben wir schon gehört. Die erstgenannten, die „zur großen Gemeinde gehörigen“ Mahâsânghikas, sind Vorläufer des späteren Mahâyâna. Zu den Sthaviras – Sthavira wird im Pâli zu Thera, es heißt „Ältester“ – gehören die Vibhajyavâdins. Die Sekte der konservativen Vibhajyavâdins wurde während ordensinterner Streitigkeiten aus dem östlichen Ursprungsland Magadha nach Westen, nach Gujarât und Mahârâshtra, abgedrängt. Dort übersetzten die Vibhajyavâdins ihre Texte ins Pâli, ein altertümliches westliches Prâkrit. Diese Sekte ist deswegen von besonderer Bedeutung, weil aus ihr die Pâli-Tradition und damit der Theravâda-Buddhismus Ceylons und Südostasiens hervorging. Dieser südliche Ast des Buddhismus, der seinen Kanon in der Kirchensprache Pâli überliefert, ist Teil des älteren Hînayâna-Buddhismus.

Die Theravâda-Tradition führt die Missionierung der Insel Ceylon auf Mahinda, einen Sohn Ashokas, zurück. Das 14. Kapitel des Mahâvansa, der „Großen Chronik" der Kirchengeschichte des Theravâda-Buddhismus auf der Insel Ceylon, erzählt von der Ankunft Mahindas auf Ceylon und der Bekehrung des singhalesischen Königs Devânampiyatissa zur Lehre des Buddha. Bei aller Freude an wunderbarer Ausschmückung wirft die Darstellung des Mahâvansa ein bezeichnendes Licht auf das Selbstverständnis des Buddhismus als einer rationalistischen Lehre, die ein gerüttelt Maß an Verstand bei den Neubekehrten voraussetzt. Hören wir, wie deshalb der Missionar Mahinda direkt nach seiner Ankunft auf der Insel den König zu allererst einem Intelligenztest unterzieht (Mahâvansa, Kap. 14):

Um den König auf die Probe zu stellen, stellte Mahinda, der höchst Weise, ihm eine heikle Frage. Und so wie er gefragt wurde, gab der Herr der großen Erde Antwort.

„Dieser Baum, oh König, welchen Namen trägt er?"

„Mango heißt dieser Baum."

„Gibt es außer diesem hier noch einen Mango?"

„Es gibt viele Mangobäume."

„Gibt es außer dem Mango hier und jenen anderen Mangos noch andere Bäume?"

„Es gibt viele Bäume, Herr, aber das sind keine Mango-Bäume."

„Gibt es außer den anderen Mangos und den Bäumen, die keine Mangos sind, noch andere Bäume?“

„Diesen Mangobaum hier, Herr!“

„Scharfsinnig bist du, o Herrscher der Männer!“ –

„Gibt es Leute, die dir untertan sind, o König?“

„Es gibt, o Herr, viele Leute.“

„Gibt es Leute, die dir nicht untertan sind, o König?“

„Es gibt ihrer noch mehr als die, die mir untertan sind.“

„Außer deinen Untertanen und den anderen, gibt es denn da noch jemanden?“

„Mich selbst, o Herr!“

„Gut, du bist scharfsinnig, o Herrscher der Männer!“

Nachdem er sich von seinem Scharfsinn überzeugt hatte, hielt der weise Thera dem Beschützer der großen Erde die kürzere Lehrrede mit dem Gleichnis von der Elefantenfußspur[27]*. Am Ende der Predigt nahm der König zusammen mit seinen 40.000 Männern seine Zuflucht zum Buddha, zur Lehre und zur Gemeinde.*

Soweit die Legende aus der Kirchenchronik Mahâvansa über die Ankunft des Missionars Mahinda auf der Insel Ceylon. In der Folge breitete sich der Buddhismus rasch im heutigen Sri Lanka aus. Doch gab es auch Rückschläge. Eine dieser Rezessionen hatte zur Folge, daß der Pâli-Kanon, also der Kanon des Pâli-Buddhismus oder der Theravâdins, erstmals schriftlich aufgezeichnet wurde. Während einer Periode des Niedergangs, da eine lückenlose mündliche Weitergabe nicht mehr gewährleistet war, sollte so das Abreißen der Tradition verhindert werden. Diese erste schriftliche Aufzeichnung fand statt in den Jahren 89-77 v.Chr. während der Regierung des Königs Vattagâmanî Abhaya.

Die Theravâda-Tradition ist keineswegs die einzige Hînayâna-Schule. Es gab noch zahlreiche andere, die sich allerdings nicht bis auf den heutigen Tag halten konnten. Die Sûtra-Sammlungen dieser verschwundenen Hînayâna-

Schulen liegen hauptsächlich in chinesischer Übersetzung vor, z.B. der Dîrghâgama der Dharmaguptakas, der 412-413 n.Chr. in Cháng-ān übersetzt wurde; ein kashmîrischer Mönch rezitierte die indische Vorlage, ein polyglotter Chinese fertigte nach dem Gehör die chinesische Übersetzung an. Es handelt sich um einen selbständigen, nicht kontaminierten Überlieferungszweig, den wir mit den Pâli-Suttas vergleichen können, um so die beiden zugrunde liegende Urfassung zu rekonstruieren.

Auch im tibetischen Kanon sind Hînayânasûtras überliefert. Man hat sie dort der Abteilung Vinaya, also der Ordenszucht, inkorporiert. Der tibetische Buddhismus ist aus der Schule der Mûlasarvâstivâdins hervorgegangen. Die Überarbeitung und Standardisierung der frühen Übertragungen ins Tibetische aus dem siebten und achten Jahrhundert wurde zu Beginn des 9. Jahrhunderts vorgenommen, Übersetzungen fertigte man aber noch bis ins 14. und 15. Jahrhundert an. Im Jahre 1410 wurde der erste Kandschur-Blockdruck in Běijīng geschnitzt, von dem auch die heute gebräuchlichste Ausgabe des tibetischen buddhistischen Kanons, die man auf die Jahre 1717/20 datieren kann, abstammt.

Soviel zum geschichtlichen Hintergrund in den ersten Jahrhunderten der Ausbreitung des Buddhismus sowie zur Lage der Quellen, aus der wir unsere Kenntnis des kanonischen Hînayâna-Buddhismus schöpfen. In diesen ersten Jahrhunderten nach dem Parinirvâna des Buddha unternahm man es, die umfangreiche Literatur all der Lehren, die den Sammelnamen Buddhismus für sich beanspruchten, zusammenzustellen und zu systematisieren. Dieser Kanonisierungsprozeß gipfelte in der schriftlichen Fixierung.

Literarisch sind diese kanonischen Texte gekennzeichnet durch eine oft ermüdende Breite und Redundanz, was sich durch die Art der Tradierung erklärt. Die Schriften wurden auswendig gelernt, also schuf man sich mnemotechnische Hilfen wie zum Beispiel Begriffsreihen: Das hatte zur Folge, daß seitenlang ganze Absätze wörtlich wiederholt werden, wobei sich immer nur ein einziges Wort ändert. Für den Auswendiglernenden ist das ganz praktisch, für den Leser bedeutet es jedoch oft eine Geduldsprobe. In inhaltlicher Hinsicht läßt sich der Hang zur Häufung, Systematisierung und Vereinheitlichung feststellen. Die Entwicklung der Lehre ist in aller Regel vom Einfachen zum Komplizierten verlaufen. Einfallsreichtum, Phantasie und Originalität wurden von umständlichen Systemen überwuchert. Dabei dreht sich der Gedankengang im Kreise, wenn heterogene Versatzstücke ganz willkürlich und beliebig zur Kommentierung anderer, oft älterer Begriffe benutzt werden. Derartige „kanonische Kommentarliteratur", die sich von den präkanonischen Textschichten abheben läßt, ist in den Kanons weit verbreitet.

Wir können uns damit den Lehren des kanonischen Hînayâna-Buddhismus zuwenden. Es handelt sich dabei um solche Lehren, die sich übereinstimmend in allen kanonischen Sammlungen der verschiedenen buddhistischen Traditionslinien finden. Zu ihnen gehören auch sekundäre Textschichten, die wir bei der Wiederherstellung des ältesten, vorkanonischen Guts ausgeschieden hatten.

Der Lehrsatz vom Entstehen in Abhängigkeit

Der Lehrsatz vom Entstehen in Abhängigkeit (im Sanskrit *pratîtyasamutpâda*) gilt in der buddhistischen Tradition als das philosophische Meisterstück des Buddha. Obwohl diese Einschätzung wissenschaftlich nicht haltbar ist, soll er deshalb am Anfang unserer Besprechung der kanonischen Lehren des Hînayâna stehen. Der bekannte Satz besteht aus den folgenden zwölf Begriffen, von denen gesagt wird, daß immer das folgende „abhängig von" bzw. wörtlich „sich stützend auf“ *(pratîtya)* das vorhergehende entsteht *(samutpâda)*.

1. Nicht-Wissen
2. unbewußte Einprägungen
3. Bewußtsein

– Wiedergeburt –

4. Name und Gestalt = Person
5. Bereich der sechs Sinne
6. Berührung
7. Gefühl
8. Durst
9. Ergreifen

– Wiedergeburt –

10. Werden
11. Geburt
12. Alter und Sterben

Es heißt also, daß abhängig vom „Nicht-Wissen“ die „Einprägungen“ entstehen, abhängig von den „Einprägungen“ das „Bewußtsein“ usw. Man hat diesen Lehrsatz deswegen auch als Konditionalnexus bezeichnet.

Unter Punkt 5, dem „Bereich der sechs Sinne“, versteht man Gesicht, Gehörsinn, Geruchssinn, Geschmacksvermögen, Tastsinn und Denkvermögen. Diesen sechs Sinnen des Subjekts entsprechen als Objekte Form, Ton, Geruch, Geschmack, Berührbares und die Gegebenheiten *(dharma)*.

Nach traditioneller Auslegung umfaßt diese Begriffsreihe insgesamt drei aufeinanderfolgende Existenzen, zwischen denen zweimal Wiedergeburt stattfindet. Man hat nämlich davon auszugehen, daß nach dem dritten Punkt, dem „Bewußtsein“, eine Wiedergeburt erfolgt, weil abhängig von dem vorherigen Bewußtsein eine neue Person mit „Namen und Gestalt“ entsteht. Die zweite Wiedergeburt findet nach Punkt neun statt, wo „Ergreifen“ zu einem neuen „Werden“ führt. Der Lehrsatz vom abhängigen Entstehen enthalte damit – so die traditionelle Auffassung – die theoretische Begründung, wie man sich den nicht an eine Seele gebundenen Prozess der Wiedergeburt vorzustellen hat.

Die wissenschaftliche Auslegung[28] erkennt in diesem Lehrsatz eine Weiterentwicklung der Vier Wahrheiten der Predigt von Benares. Und zwar sind uns die folgenden Begriffe bereits aus den Vier Wahrheiten bekannt. Die erste der Vier Wahrheiten besagte ja, daß die sogenannten „fünf Gruppen des Ergreifens", die den Menschen ausmachen, leidvoll sind. Diese fünf Gruppen bestehen – um es noch einmal zu wiederholen – aus

1. Körper
2. Gefühl
3. Wahrnehmung
4. unbewußten Einprägungen und
5. Bewußtsein.

Vergleichen wir diese fünf Kategorien nun mit den 12 Begriffen des Lehrsatzes vom Entstehen in Abhängigkeit. Dessen Punkt 2, „Einprägungen", und Punkt 3, „Bewußtsein", sind die letzten beiden der in der ersten der Vier Wahrheiten genannten „Gruppen des Ergreifens". Punkt 4 des Lehrsatzes vom abhängigen Entstehen, „Name und Gestalt", umfaßt hingegen alle fünf der „Gruppen des Ergreifens", ist also nur eine andere Bezeichnung für den Menschen in seiner Gesamtheit. Die folgenden beiden Punkte 5 und 6, „Bereich der sechs Sinne" und „Berührung", sind als Auffächerung der „Wahrnehmung" zu verstehen, also ebenfalls eine der „Gruppen des Ergreifens", nämlich der dritten. Punkt 7, „Gefühl", ist identisch mit der zweiten „Gruppe des Ergreifens". Und auch die restlichen Begriffe des Lehrsatzes vom Entstehen in Abhängigkeit, als da sind „Durst", „Ergreifen", „Werden", „Geburt" sowie „Alter und Sterben", sind wortwörtlich aus den Vier Wahrheiten übernommen.

Es bleibt der erste Begriff, der die Reihe eröffnet, das „Nichtwissen". Damit ist natürlich die Unkenntnis der Vier Wahrheiten gemeint, und „Nicht-Wissen" ist damit nichts anderes als eine Negation aller folgenden Punkte, die als Erweiterung eben der Vier Wahrheiten verstanden werden müssen. Es handelt sich um das Gegenstück von „rechter Sicht", welche die vierte Wahrheit, die Wahrheit vom Weg, der zur Aufhebung des Leidens führt, eröffnet. Rechte Sicht nämlich besteht in der Einsicht in die Vier Wahrheiten.

Um dieser Fortentwicklung und Neufassung der älteren Vier Wahrheiten die nötige Lehrautorität zu verleihen, behauptete ihr Schöpfer, der Buddha habe erst durch die Einsicht in diesen Lehrsatz vom Entstehen in Abhängigkeit das Erwachen erlangt. Diese Behauptung hat sogar ihre Berechtigung, denn das „Erwachen", die *bodhi*, bestand ja eben darin, daß dem Buddha die Einsicht in die Vier Wahrheiten aufging, und die sind es, auf denen der Lehrsatz vom Entstehen in Abhängigkeit fußt. Doch hat sich diese Tradition nicht in allen Texten, die von der erlösenden Erkenntnis des Buddha berichten, durchsetzen können.

Der Lehrsatz vom Entstehen in Abhängigkeit gehört also zwar nicht zum ältesten Gut der buddhistischen Lehre, doch er darf als unverzichtbarer Bestandteil aller buddhistischen Kanonsammlungen eine wichtige Stellung im Hînayâna beanspruchen. Er ist die weiterentwickelte kanonisierte Version älterer, präkanonischer, das heißt urbuddhistischer Lehren.

„Meditation" (dhyâna)

Meditation ist eine spirituelle Praxis, die weltweit die vielen verschiedenen Religionen und Bekenntnisse übergreift. Sogar außerhalb der Religion ist sie anzutreffen, im profanen Leben, etwa als Mittel der Psychotherapie. Meditation ist ein Sammelbegriff. Er umfaßt höchst unterschiedliche psychologisch-psychosomatische Techniken und Methoden. Diese Techniken können, je nach dem jeweiligen Glaubenshintergrund, mit verschiedenartigen religiösen Inhalten gefüllt werden. Auch der Hînayâna-Buddhismus übernahm die an keine bestimmte Religion gebundene Praxis der Meditation und verband sie dann mit spezifisch buddhistischen Begriffen.

Zwei Meditationsmethoden hatten wir bereits kennengelernt, „Achtsamkeit" und „Konzentration". Sie bildeten den Abschluß des Achterweges, also der letzten der Vier Wahrheiten. „Achtsamkeit", als ständige Bewußtmachung sämtlicher physischen, emotionalen und intellektuellen Prozesse, sollte das Bewußtsein von der Vergänglichkeit der menschlichen Existenz schärfen. „Konzentration", der „Zusammenschluß des Geistes", wie sie in den buddhistischen Schriften beschrieben wird, ist als meditative Verschmelzung von Subjekt und Objekt zu verstehen. Sie ist deshalb von besonderer Bedeutung, weil sie den Abschluß und Höhepunkt des ältesten buddhistischen Erlösungsweges bildet.

Wir wollen uns nun mit dem Ursprung eines anderen Terminus für Meditation beschäftigen, dem Ausdruck *dhyâna*. Um ihn im folgenden von dem Sammelbegriff oder Überbegriff Meditation zu unterscheiden, soll er, als Meditation im engeren, speziellen Sinne, in Anführungszeichen gesetzt werden. „Meditation", *dhyâna*, sollte in der Geschichte des Buddhismus eine besondere Wirksamkeit und Bedeutung erlangen. Leitet sich doch von diesem Ausdruck auch der japanische Zen-Buddhismus her.

dhyâna,[29] „Meditation", also ist nun keineswegs ein spezifisch buddhistischer Terminus, ungeachtet seiner Beliebtheit im kanonischen und nachkanonischen Schrifttum des Buddhismus. Vielmehr handelt es sich um ein bereits in vorbuddhistischen Texten, und zwar in hinduistischen, nämlich in den älteren Upanishaden, bezeugtes und späterhin in wohl allen indischen Religionen anzutreffendes Wort. In den Yogasûtras (3,2) beispielsweise wird „Meditation" sehr anschaulich beschrieben als „das Verfolgen nur eines Begriffsfadens" durch den Geist.

Wie aber wird „Meditation" im kanonischen Schrifttum der Hînayâna-Schulen definiert? Die stereotype Formel, die in den verschiedensten Überlieferungszweigen, in Pâli, Sanskrit, Chinesisch und Tibetisch im großen ganzen einheitlich überliefert ist, lautet folgendermaßen (ich gebe eine Übersetzung der Pâli-Fassung):

(Der Meditierende) löst sich ab von den Sinnenlüsten, löst sich ab von den unheilvollen Gegebenheiten, erlangt die von Überlegungen und Erwägungen begleitete, von Freude und Glück, die aus der Loslösung entstehen, erfüllte erste Stufe der „Meditation" und verweilt darin …

Infolge der Beruhigung von Überlegungen und Erwägungen erlangt er innere Abgeklärtheit, den Zusammenschluß des Geistes, die von Überlegungen und Erwägungen freie, von Freude und Glück, die aus der „Konzentration" entstehen, erfüllte zweite Stufe der „Meditation" und verweilt darin …

Und infolge des Verblassens der Freude verweilt er gleichmütig, achtsam und vollbewußt, und körperlich empfindet er Glück. Was die Weisen beschreiben als „gleichmütig, achtsam, im Glücke verweilend", diese dritte Stufe der „Meditation" erlangt er, und er verweilt darin …

Infolge des Freiseins von Glück und infolge des Freiseins von Leiden, durch das Versiegen der zuvor empfundenen Gutgelauntheit sowie des Übelgelauntseins erlangt er die leidensfreie und glückfreie, durch Gleichmut und Achtsamkeit gereinigte vierte Stufe der „Meditation" und verweilt darin …

Soweit der Wortlaut der Formel, welche die buddhistische Beschreibung der „Meditation" enthält. Es handelt sich um vier Stufen der Versenkung, die der Meditierende nacheinander durchläuft. Auf jeder Stufe wird angegeben, welche Art von Glücksgefühl der Meditand empfindet; nur die letzte Stufe entbehrt jeglichen Glücksgefühls. Außerdem erfahren wir die negativen und positiven Charakteristika einer jeden Stufe, also welche Gemütszustände der Meditierende jeweils ablegt, und welche er erlangt.

Welches Ziel wird aber durch die Übung der „Meditation“ letztlich angestrebt? Es zeigt sich zunächst, daß die Herbeiführung eines Glücksgefühls *nicht* das Ziel dieser Übung sein kann. Zwar sind die ersten beiden Stufen noch begleitet von Emotionen des Glücks und der Freude, die erst aus der Loslösung von den Sinnengelüsten, danach aus der „Konzentration“ entstehen; und auch auf der dritten Stufe empfindet der Meditand, wenn auch keine Freude mehr, so doch Glück; für die Endstufe jedoch wird keinerlei Glückszustand angegeben. Und auch die negativen Attribute können nicht der Zweck der Übung sein, sie sind lediglich Vorbedingungen der positiven Merkmale. Nur vorbereitend führen die vier Stufen der „Meditation“ zum Freiwerden von Sinnenlust, unheilvollen, d.h. der Erlösung hinderlichen, Gegebenheiten, Überlegungen und Erwägungen, Freude, Glück und Leiden.

Damit bleiben die positiven Bestimmungen, in denen wir das eigentliche Wesen dieser Meditationsmethode zu suchen haben. Diese sind auf der ersten Stufe „Überlegungen und Erwägungen“, die man sich als auf bestimmte Objekte bezogen zu denken hat. Auf der zweiten Stufe werden derartige objektbezogene Überlegungen und Erwägungen unterdrückt und abgelöst durch objektfreie „Konzentration“ des Subjekts auf sich selbst, außerdem durch einen Zustand „innerer Abgeklärtheit“. Auf Stufe drei bemüht sich der Meditierende um die Übungen des „Gleichmuts“ und der „Achtsamkeit“, um so auf der letzten Stufe endlich ans Ziel zu gelangen. Das letzte Ziel der

„Meditation“ besteht darin, daß das „Denken gereinigt“ ist. „Meditation“, wenn man sie auf ihre wesentlichen Inhalte reduziert, ist also in ihrem Kern eine Psychotechnik, die der Reinigung des Denkens dient. Diese Reinigung wird bewirkt durch „Konzentration“, „Gleichmut“ und „Achtsamkeit“.

Damit ergibt sich, daß „Meditation“ im kanonischen Hînayâna-Buddhismus in den wesentlichen Punkten gleichgesetzt wird mit einer Abfolge von drei anderen Meditationsübungen, nämlich „Konzentration“, „Gleichmut“ und „Achtsamkeit“. Diese drei Begriffe aber sind mitnichten nur in der *dhyâna*-Formel zu finden. Vielmehr handelt es sich um wohlbekannte, auch außerhalb der „Meditations“-Formel häufig vorkommende, zentrale Begriffe nicht nur des kanonischen, sondern bereits des präkanonischen Buddhismus. So bilden – wie am Anfang dieses Kapitels erwähnt – „Achtsamkeit“ und „Konzentration“ den Abschluß des achtfachen Weges der Vier Wahrheiten. Und auch der „Gleichmut“ wird bereits in der Predigt von Benares genannt, und zwar in der dritten der Vier Wahrheiten. Dort heißt es nämlich, wenn wir uns erinnern:

Dies nun, ihr Mönche, ist die Edle Wahrheit von der Aufhebung des Leidens: Es ist ebendieses Durstes restlose, durch Gleichmut (erreichte) Aufhebung, seine Aufgabe, Preisgabe, die Erlösung und das Freisein von ihm.

Wenn aber „Meditation“ im wesentlichen gleichgesetzt wird, mit „Konzentration“, „Gleichmut“ und „Achtsamkeit“, so bedeutet dies, daß „Meditation“ im kanonischen Hînayâna-Buddhismus gar keine eigenständige Methode bezeichnet. „Meditation“ entlarvt sich bei genauerer Betrachtung als eine von den Buddhisten übernommene Worthülse, die von ihnen nachträglich, mehr schlecht als recht, mit buddhistischen Begriffen gefüllt wurde.

Die Frage liegt nahe, woher denn die Buddhisten den Terminus „Meditation“ übernahmen. Als Schlüssel für die

Antwort kann uns die Tatsache dienen, daß die ersten drei Stufen der „Meditation“ als von Empfindungen des Glücks und der Freude begleitet beschrieben werden. Dadurch ergibt sich eine auffällige Gemeinsamkeit mit dem, was die upanishadischen Âtman-Brahman-Mystiker ebenfalls „Meditation“ nannten. In den Upanishaden heißt es nämlich, daß die „Meditation“ über den Âtman mit „Wonne“ *(ânanda)* versehen ist, und mehr noch: daß „der Âtman aus Wonne besteht“. Wie bereits dargestellt, war es das Ziel der Meditation der vorbuddhistischen Âtman-Brahman-Mystiker, die Identität von Âtman, der Individualseele, und Brahman, der Allseele, zu erkennen und damit in der „Wonne“ der erlösenden Erkenntnis aufzugehen, im Sinne einer *unio mystica*.

Der früheste Buddhismus hat indes mit seiner Skepsis in der Seelenfrage, mit seiner Behauptung, daß ein Âtman, ein „Selbst“, in allem, was den Menschen ausmache, nicht nachweisbar sei, den Seelenbefürwortern widersprochen. Außerdem ist das Nirvâna der ältesten buddhistischen Lehre zufolge nur negativ bestimmbar, also nicht positiv zu definieren. Als nun die Buddhisten, in Konkurrenz zu den Âtman-Lehrern, deren Begriff „Meditation“ übernahmen, durften sie deshalb nicht soweit gehen, ein Glücksgefühl als Endpunkt der „Meditation“ hinzustellen. Ganz auf diese „Freude“ oder dieses „Glück“ verzichten mochten sie aber auch nicht, denn es konnte die Attraktivität des Buddhismus nur erhöhen, wenn er ein durch „Meditation“ erreichbares Glücksgefühl versprach. Und im übrigen mag es ja durchaus sein, daß die buddhistische „Meditation“ in der Tat zu derartigen Freude- oder Glückszuständen führte. In dieser Zwangslage fanden die Buddhisten einen Ausweg. Sie erklärten die Empfindung von Freude und Glück als vorübergehende Erlebnisse. Die vierte Stufe der „Meditation“ sei schließlich davon frei. Die Bezeichnung „Wonne“ *(ânanda)* konnten sie natürlich nach der Übernahme nicht beibehalten, weil dadurch der Buddhismus auch terminologisch wieder in die Nähe der Âtman-Lehre gerückt wäre. Darum ersetzte man den Ausdruck „Wonne" durch „Freude" *(prîti)* und „Glück" *(sukha)* – klärlich ein bloßer Etikettenwechsel.

Nach Maßgabe des religionshistorischen Umfelds wäre es also durchaus plausibel, daß die Buddhisten den Terminus „Meditation" *(dhyâna)* von den Âtman-Lehrern übernahmen. Sie definierten ihn neu, indem sie ihn mit mehreren alten buddhistischen Meditationsmethoden gleichsetzten. Denn wie sich zeigte, ist „Meditation" *(dhyâna)* nach buddhistischem Verständnis im Grunde nichts anderes als „Konzentration", „Gleichmut" und „Achtsamkeit". Und diese drei Begriffe bzw. Meditationstechniken sind uns bereits aus der Predigt von Benares bekannt.

Freundschaft, Mitleid, Mitfreude und Gleichmut

Bereits in der Predigt von Benares hatte es geheißen, daß man den „Durst", also die Gier, beseitigen und durch Gleichmut ersetzen soll. Dieser Gleichmut war uns soeben auf der vierten Stufe der „Meditation" wieder begegnet. Im System des Hînayâna ist die Entfaltung von Gleichmut aber auch zu einer besonderen Meditationsübung erhoben worden, und zwar als letzte der sogenannten vier Erhabenen Verweilungen *(brahma-vihâra)*.

Bei diesen Meditationsübungen der Erhabenen Verweilungen handelt es sich in gewisser Weise um das Gegenstück zur Achtsamkeits-Meditation. Während nämlich die Meditation der Achtsamkeit zergliedernd, analysierend vorgeht, verfährt der Meditierende in den Erhabenen Verweilungen gerade andersherum, also zusammensetzend, synthetisierend. Er soll versuchen, die gesamte Welt in alle Richtungen mit vier wohlwollenden Geisteshaltungen zu durchdringen und zu erfüllen, und zwar mit

Freundschaft, Mitleid, Mitfreude und Gleichmut. Denn: *Was immer es an verdienstvollen Werken gibt, sie haben alle nicht den Wert eines sechzehnten Teils der freundlichen Gesinnung gegen alle Wesen, so wie der Glanz aller Sterne nicht den Wert des sechzehnten Teils des Mondscheins hat.* (Itivuttaka 27, Übersetzung von H.v. Glasenapp: *Pfad zur Erleuchtung*, 1974, S. 95) Aber nicht nur religiöses Verdienst läßt sich durch diese Übung sammeln, den Erhabenen Verweilungen wird auch direkte Erlösungswirksamkeit zugeschrieben (etwa im Majjhimanikâya I 38).

Welch unwiderstehliche Wirkung diese Meditationsübung auf andere Wesen ausüben kann, illustriert eine fromme Legende. Es gibt in der buddhistischen Tradition einen Bösewicht, der als wahrer Teufel in Menschengestalt hingestellt wird. Er heißt Devadatta und ist der Vetter und ewige Widersacher des Buddha. Möglicherweise war er auch für die erste Ordensspaltung verantwortlich. Dieser Devadatta soll einmal einen wütenden Brunstelefanten gegen den Buddha gehetzt haben, damit er den Erhabenen niedertrampele. Der Buddha jedoch strahlte dem tobenden Bullen die Gesinnung der Freundschaft entgegen, und zwar in so wirkungsvoller Weise, daß das Tier in Verehrung vor ihm niederkniete.

Die einschlägige Formel der vier Erhabenen Verweilungen lautet im Pâlikanon:

Mit von Freundschaft erfülltem Geist durchdringt er eine Himmelsrichtung, ebenso die zweite, die dritte und vierte, dann nach oben und unten, kreuz und quer, überall, ganz und gar, die gesamte Welt – so verweilt er; er durchdringt sie mit von Freundschaft erfülltem Geist, der sich geweitet hat, vergrößert, unermeßlich geworden ist, frei von Feindschaft, nicht verletzend – so verweilt er.

Mit von Mitleid – von Mitfreude – von Gleichmut – erfülltem Geist durchdringt er eine Himmelsrichtung, ebenso die zweite, die dritte und vierte, dann nach oben und unten, kreuz und quer, überall, ganz und gar, die gesamte Welt – so verweilt er; er durchdringt sie mit von Mitleid – von Mitfreude – von Gleichmut – erfülltem Geist, der sich geweitet hat, vergrößert, unermeßlich geworden ist, frei von Feindschaft, nicht verletzend – so verweilt er. (Majjhimanikâya I 28[20-30])

Geradezu übermenschliche Selbstbeherrschung vorauszusetzen scheint aber die Forderung, daß man selbst schwerste Folter und Verstümmelung mit Hilfe dieser Meditationsübung ertragen soll:

Auch wenn Räuber und Mörder einem mit einer Säge Glied für Glied abschnitten, wer darüber zornig würde, der handelte nicht nach meiner Lehre. Denn auch in einem solchen Fall sollt ihr euch also üben: ‚Nicht soll unser Denken sich verändern, nicht wollen wir ein böses Wort von uns geben, sondern gütig und mitleidig bleiben, voll freundlicher Gesinnung und ohne Haß. Wir wollen diesen Menschen mit von freundlicher Gesinnung erfülltem Geiste durchdringen…' (Majjhimanikâya 21, I, S. 129, Übersetzung von Glasenapp, S. 95)

Wir haben hier die buddhistische Parallele zur christlichen Bergpredigt vor uns, indem nämlich die Feindesliebe zum Bestandteil der Lehre gemacht wird. Auch die folgenden Verse aus dem bekannten Werk der buddhistischen Mönchslyrik, dem Dhammapada, gipfeln in der ethischen Erkenntnis, daß man Haß nur durch Liebe zum erlöschen bringen kann:

‚Er hat gekränkt mich und bekriegt,
Er hat beraubt mich und besiegt',
Wer solcherlei Gedanken hegt,
In dem die Feindschaft nie sich legt.

‚Er hat gekränkt mich und bekriegt,
Er hat beraubt mich und besiegt',
Wer solches Denken von sich weist,
In dem erlischt des Hasses Geist.

Denn niemals hört im Weltenlauf
Die Feindschaft je durch Feindschaft auf.
Durch Liebe nur erlischt der Haß,
Ein ewiges Gesetz ist das.
(Dhammapada 3-5, Übersetzung von Glasenapp, S. 95)

Die Tathâgata-Predigt

Die Tathâgata-Predigt ist ein Ergebnis der Systematisierungsbestrebungen des kanonischen Hînayâna. Sie gehört der Schicht der kanonischen Kommentarliteratur an. Es handelt sich dabei um eine Kompilation bereits vorhandener, über das weite Feld der buddhistischen Sûtra-Literatur verstreuter Versatzstücke. Dieses vorgefundene Textmaterial ordnete man an zu einem ausführlichen Erlösungsweg, und zwar zu einem Erlösungsweg für Mönche und Nonnen, nicht für Laien. Man hielt sich auch bei diesem in der Tathâgata-Predigt enthaltenen Heilsweg im Grunde an das Schema des Achterweges der Predigt von Benares, erweiterte den alten achtfachen Pfad jedoch um einen Schlußteil, der weit über den Erlösungsweg des Urbuddhismus hinausführt, ja sogar von ihm wegführt. Der so entstandene ausführliche Heilsweg gliedert sich in drei Stufen. Am Anfang steht das Bemühen um Sittlichkeit, um einen ethischen Lebenswandel. Es folgt als Mittelteil ein Sammelsurium der verschiedensten Meditationstechniken. Jedoch bewirken auch diese kontemplativen Übungen noch nicht die erlösende Erkenntnis; sie haben, wie zuvor der sittliche Lebenswandel, nur vorbereitenden Charakter. Sie bereiten den Geist des Mönchs vor auf die – von der zentralen Lehre des Urbuddhismus noch verschmähten – übernatürlichen Fähigkeiten, welche der Mönch im Schlußteil des Heilspfades auszuüben hat und die bei ihm schließlich die Einsicht bewirken, daß er nicht mehr wiedergeboren wird.

Tathâgata, wörtlich „der So Gegangene“ oder „der So ans Ziel Gekommene“, ist ein Ehrentitel des Buddha und auch seine Selbstbezeichnung. Wenn also der Buddha von sich selber spricht, nennt er sich den Tathâgata. Die Tathâgata-Predigt nun beginnt mit einem Lobpreis auf den Tathâgata, also den Buddha, der jedoch nicht mehr nur als eine historische Persönlichkeit gesehen wird, sondern als einer von vielen Erlösern, die durch alle Weltzeitalter hindurch immer wieder auftreten. Der Anfang, der den gleich darauf folgenden Erlösungsweg einleitet, lautet folgendermaßen:[30]

Ein Tathâgata erscheint in der Welt, ein Arhat, ein in der rechten Weise vollkommen Erwachter, ein mit Wissen und Wandel Ausgestatteter. Er ist ein Pfadvollender, einer, der um die Welt Bescheid weiß, ein Unübertreffllicher, ein Meister im Lenken von Menschen, ein Lehrer von Göttern und Menschen, ein Buddha, ein Erhabener. In alle Götterwelten, Menschen, Shramanas, Brahmanen, in Mâra (den Teufel und Verführer) und Brahman hat er allein Einsicht und erfährt sie selbst. Er verkündet anderen die Lehre, deren Worte am Anfang und in der Mitte und am Ende gut sind, versehen mit Inhalt und Form. Er erklärt den reinen Wandel.

Diese Einleitung unserer Tathâgata-Predigt ist also im Rahmen des zyklischen Weltbildes zu verstehen. Die Welt ist ohne absoluten Anfang und ohne absolutes Ende. Alles Weltgeschehen wiederholt sich in unendlichem Kreislauf. Der Mensch kettet sich durch seine Taten an das Rad der Wiedergeburten und hat dadurch teil an dem sich ewig in der einen oder anderen Weise wiederholenden Weltgeschehen. In den in Zyklen aufeinander folgenden Äonen tritt immer wieder von neuem ein Buddha auf, um die Wesen vom universalen Leiden ihres Daseins zu erlösen. Bei dem Buddha unseres Weltzeitalters handelt es sich – der Lehre des kanonischen Hînayâna zufolge – also keineswegs um den einzigen. Er steht vielmehr in einer langen Reihe von Vorgängern und Nachfolgern, die jeweils in ihrer Zeit Einsicht in die rechte Lehre, den Dharma, erlangen und dieses Wissen auch nicht für sich behalten, sondern andere daran teilhaben lassen. Es gibt übrigens auch solche, die ihr Wissen nicht weitergeben und für sich in der Einsamkeit bleiben; sie werden deshalb „Für-sich-Buddha“, Pratyekabuddha, genannt. Die Buddhas der Tathâgata-Predigt aber setzen in zahllosen Weltzeitaltern immer wieder von neuem „das Rad der Lehre in Bewegung“, um bei der buddhistischen Ausdrucksweise zu bleiben.

Nach der Einleitung fährt die Tathâgata-Predigt damit fort, daß ein Hausvater oder Hausvatersohn die Lehrverkündigung eines solchen Tathâgata hört, gläubiges Vertrauen zum Buddha und seiner Lehre faßt und zu dem Entschluß kommt, der Welt zu entsagen:

‚Ich weile jetzt im Hausleben, in den Fesseln von Frau und Kindern, und kann nicht rein und lauter den Brahma-Wandel pflegen. Wie wäre es, wenn ich mir jetzt Haar und Bart scheren ließe, die drei Dharma-Gewänder anzöge, das Hausleben verließe und den Heilsweg pflegte?‘

Anderntags setzt er diesen Entschluß in die Tat um und schlägt damit den Erlösungsweg ein, der aus den drei eingangs erwähnten aufeinander aufbauenden Abschnitten besteht, aus sittlich einwandfreiem Lebenswandel, meditativen Übungen und der Ausübung übernatürlicher Fähigkeiten.

Am Anfang seines Bemühens um Sittlichkeit stehen die fünf Verbote, die auch für den Laien gelten, also die Verbote des Tötens, Stehlens, Lügens und Alkoholgenusses; an die Stelle des Laien untersagten Ehebruchs tritt beim Mönch das Verbot jeglicher sexueller Betätigung. Diese fünf Grundregeln werden nun erweitert durch eine Vielzahl anderer Verbote. Verboten sind dem Mönch unter anderem Verleumdung, Grobheit und Geschwätz, ferner Tanz und Gesang, Blumen und Wohlgerüche, ein bequemes Bett, Gesinde-, Vieh- und Grundbesitz, Betrügereien und Brutalitäten und das Entscheiden von Streitigkeiten. Wenn der Mönch diese Selbstbeherrschung lange genug geübt hat, stellt sich bei ihm dann Zufriedenheit ein.

Nach der vorbereitenden sittlichen Zucht beginnen nun die meditativen Übungen. An ihrem Anfang steht die „Wache am Tor der Sinne“. Dabei übt sich der Mönch darin, sein Sehvermögen nicht von den Formen fesseln zu lassen, sein Gehör nicht von den Tönen, seinen Geruchssinn nicht von den Gerüchen, seinen Geschmackssinn nicht von den Geschmäckern, seinen Tastsinn nicht von den Berührungsobjekten und sein Denken nicht von den Denkgegenständen.

Nach der „Wache am Tor der Sinne“ führt er die Achtsamkeitsmeditation durch, die wir oben bereits kennengelernt hatten und die wir deshalb an dieser Stelle nicht zu wiederholen brauchen. Die Übung der Achtsamkeit wird vervollständigt durch die Meditation der Vollbewußtheit, die der Achtsamkeitsmeditation dadurch verwandt ist, daß sie ebenfalls durch extreme Selbstbeobachtung auf die Bewußtmachung der Vergänglichkeit und Kurzlebigkeit aller Körperprozesse abzielt:

Da ist der Mönch, wenn er hin und her geht, rechts und links blickt, die Glieder beugt und streckt, auf und nieder blickt, Gewand und Almosenschale hält, Essen und Trinken empfängt, Wasser läßt und Stuhlgang hat, schläft und wacht, sitzt und steht, redet und schweigt, – während all dem stets achtsam und bewußt, er weicht nicht ab vom richtigen Verhalten.

Es folgt die „Beseitigung der fünf Hindernisse“, als da sind: Verlangen, Bosheit, Schläfrigkeit, Aufregung und Zweifel. Zu diesem Zweck begibt sich der Mönch an einen stillen Platz, unter einen Baum oder in eine Berghöhle. Auch der Aufenthalt auf einer Leichenstätte oder auf einem Düngerhaufen wird empfohlen, weil dies Orte sind, die das Bewußtsein von der Vergänglichkeit fördern. Dort setzt er sich, von seinem Almosengang zurückgekehrt, nachdem er sich Hände und Füße gewaschen hat, nieder und leitet die Beseitigung der fünf Hindernisse erneut mit der Achtsamkeitsmeditation ein. Nacheinander legt er nun die genannten fünf Hindernisse ab und richtet stattdessen seinen Geist auf *ein* Ziel.

Hieran schließen sich die vier Stufen der „Meditation" *(dhyâna)*, die wir ebenfalls schon besprochen haben. Sie bezwecken die Reinigung des Geistes, die durch Konzentration, Achtsamkeit und Gleichmut erreicht wird. Folge der vierten Stufe der „Meditation" ist außerdem, so wird nun ergänzend gesagt, Unerschütterlichkeit des Geistes, der sich genausowenig bewegt wie ein Licht in einem gut abgedichteten Haus, durch das der Wind nicht pfeift.

Damit sind die Meditationsübungen abgeschlossen. Der erlösungsuchende Mönch ist nun befähigt zur Ausübung außergewöhnlicher Wundertaten, der übernatürlichen Fähigkeiten, die ihn direkt zum Ziel führen sollen. Dazu läßt der Mönch zunächst auf meditativem Wege aus seinem materiellen Körper heraus einen Geistkörper entstehen, der „aus Denken gemacht" ist, was man sich so vorzustellen habe, als wenn jemand ein Schwert aus der Scheide ziehe oder als wenn man einen Faden durch einen durchbohrten Edelstein fädele. Mit Hilfe dieses Geistkörpers kann der Mönch nun übernatürliche Zauberkunststücke vollführen. Er kann sich vervielfältigen, sich unsichtbar machen, durch die Wand gehen, in die Erde sinken, auf dem Wasser gehen, fliegen, und sich so riesig weit ausdehnen, daß er Sonne und Mond mit der Hand berühren, ja sogar Brahmâs Himmel erreichen kann. Alsdann vermag er mit Hilfe seines „himmlischen Gehörs" klar und deutlich alle Arten von Geräuschen zu hören, menschliche und himmlische. Alsbald erlangt er die Fähigkeit, uneingeschränkt die Gedanken anderer Menschen zu lesen.

Danach kommt er zu den eigentlich erlösungswirksamen Wundertaten. Er konzentriert sich darauf, seine eigenen früheren Existenzen zu erkennen. *„Er kann sich dann an die verschiedensten zahllosen Begebenheiten in seinen früheren Existenzen erinnern, an eine Geburt bis hin zu unzähligen Geburten, kann sich erinnern, wie sich viele Weltzeitalter entwickeln und zugrunde gehen, wie er hier starb und dort geboren wurde, an Name, Geschlecht und Stand, ob seine Nahrung gut oder schlecht, seine Lebensspanne lang oder kurz war, an Leiden und Freuden, die er empfand, an sein Aussehen, seine Erscheinung, an alles erinnert er sich."*

Doch nicht nur das. In der nächsten Übung erkennt er ebenso auch mit „himmlischem Auge" die Existenzen anderer mit all ihren Umständen und in all ihrer Abhängigkeit von guten und schlechten Taten, er sieht sie so deutlich, wie jemand von einem hohen Turm aus die Menschen kommen und gehen sieht.

Der buddhistischen Erlösungspsychologie zufolge erzeugt das Karma, erzeugen also gute und böse Taten sogenannte „Einströmungen" *(âsrava)*. Diese Karma-Einströmungen lagern sich als „Einprägungen" *(sanskâra)* im Unterbewußtsein ab und sorgen dafür, daß sich der Mensch zwanghaft und automatisch in gleichen Situationen immer wieder gleich verhält. Zum Abschluß des in der Tathâgata-Predigt konstruierten Erlösungsweges konzentriert sich deshalb nun der Mönch darauf, sich diese Karma-Einströmungen bewußt zu machen, sie aus dem Unterbewußtsein emporzuholen und zu rationalisieren. Indem er die Vier Wahrheiten auf diese Karma-Einströmungen überträgt, erkennt er, daß *„es Einströmungen gibt, daß es eine Entstehung von Einströmungen gibt, daß es ein Schwinden der Einströmungen gibt, und wirklichkeitsgemäß erkennt er den Weg, der zum Schwinden der Einströmungen führt"*. Indem er sich so die unbewußten Karma-Einströmungen bewußt macht, wird sein Geist erlöst von den Einströmungen der Sinnenlust, des Werdens und des Nichtwissens. Und in dem Moment ist der Mönch schließlich am Ziel seines Strebens. Er erkennt, daß er erlöst ist, daß er nicht mehr wiedergeboren wird: *„Geburt und Sterben sind geschwunden, der religiöse Wandel ist ausgeführt, was zu tun war, ist getan. Ich erlange keine spätere Existenz mehr."*

Wir sehen, wie bereits hier, im kanonischen Hînayâna-Buddhismus, die vom ältesten Buddhismus einst überwundene Metaphysik, verbunden mit magischem Meditationsillusionismus, sich wieder machtvoll Bahn brechen. Wird von ihnen doch nun nicht weniger behauptet, als daß sie das letztlich wirksame Erlösungsmittel überhaupt seien.

Die Welt als Zusammenspiel unbeständiger Daseinsfaktoren

Die Entwicklung der kanonischen Lehren des Hînayâna fand ihren Abschluß in der Scholastik. Sie bildet, neben dem sogenannten „Korb" *(pitaka)* der Lehrtexte und dem Korb der Ordensregel, den dritten Teil des Kanons, den Abhidharma, wörtlich „was über die Lehre hinausführt". Gegenüber der ursprünglichen Lehre ist dies der am weitesten fortgeschrittene Bereich der Kanons des Hînayâna. Er soll deshalb am Ende unseres Abrisses der Lehrinhalte des Hînayâna-Buddhismus stehen.

Diese scholastischen Lehren fächern die Begriffe, die sich bereits in den Sûtras finden, immer weiter auf. Sie systematisieren das vorgefundene Material und zergliedern es bis ins kleinste. Als Beispiel dieser weit fortentwickelten Lehren der Scholastiker soll uns die sogenannte Dharma-Theorie dienen. Sie interpretiert die Welt als Zusammenspiel unbeständiger Daseinsfaktoren, und es ist offensichtlich, daß sie aus dem Lehrsatz vom Entstehen in

Abhängigkeit abstrahiert wurde. Die Daseinsfaktoren, Dharma genannt, entstehen nämlich auch in der Dharma-Theorie in Abhängigkeit voneinander. Die ganze Welt, jegliches Lebewesen, auch der Mensch, ist nichts als ein flimmernder Prozess äußerst kurzlebiger Faktoren, die für den winzigsten Bruchteil einer Sekunde aufblitzen, um sofort wieder zu vergehen.

Sie kommen aus dem Ungeseh'nen her,
Im Ungeseh'nen sie ihr Ende finden,
den Blitzen ähnlich, die im leeren Raum
Entstehn, um später wieder zu verschwinden.
(Buddhaghosa: *Visuddhimagga*, S. 625, Übersetzung H.v. Glasenapp: *Pfad zur Erleuchtung*, 1974, S. 70)

Die Daseinsfaktoren sind erstens vergänglich, nicht-ewig, unbeständig; zweitens leidvoll; und drittens wesenlos – ein Selbst oder eine Seele ist in ihnen nicht zu finden. (Anguttaranikâya 3,134) So wird das gesamte Dasein relativiert auf substanzlose, leere Monaden, an die sich zu klammern auf einen lächerlichen Selbstbetrug hinausliefe.

Der Hang zur Zahlenspielerei hat die Scholastiker zahlreiche Kategorien solcher Daseinsfaktoren aufstellen lassen. Sie begannen damit, die Dharmas zu unterteilen in bedingte und einen nicht-bedingten. Der nicht-bedingte Dharma ist das Nirvâna, das somit von der Welt der zahllosen bedingten Daseinsfaktoren radikal verschieden ist. Während anfangs im ältesten Buddhismus das Nirvâna nichts anderes bedeutete als die Tatsache, daß man nicht mehr wiedergeboren wird, also ein Aufhören, ein „Verwehen", so wird das Nirvâna nun in der Dharma-Theorie als nicht-bedingter Dharma zu einem Zustand. Hiermit ist ein bedeutungsvoller Schritt ontologischer Daseinserklärung getan; er sollte eine gewaltige Wirkung in der darauf aufbauenden Mahâyâna-Philosophie haben.

Spätere Scholastiker erfanden dann drei und mehr solcher nicht-bedingter Daseinsfaktoren, auch stieg die

Zahl der Kategorien der bedingten Dharmas ins Unermeßliche.

Bereits der Lehrsatz vom Entstehen in Abhängigkeit hatte den Zweck, die Behauptung einer Wiedergeburt ohne Seele zu erklären. Die Schwierigkeit dieser Behauptung liegt ja darin, daß es kein Kontinuum zwischen den Geburten geben soll, keine Seele als Träger des Karma, von dem die Qualität der Wiedergeburt bestimmt wird. Dies ist auch der entscheidende Unterschied zwischen der hinduistischen Wiederverkörperungslehre und der buddhistischen Vorstellung von der Wiedergeburt ohne Seele. Hinduistischer Anschauung zufolge wandert die unvergängliche, ewige Seele durch den Geburtenkreislauf, den Sansâra, und inkarniert sich in immer neuen Körpern. Im Hînayâna-Buddhismus jedoch soll die Wiedergeburt ohne ein solches Kontinuum stattfinden, weshalb die Hînayânîs im Englischen auch von *rebirth* sprechen, im Unterschied zur hinduistischen *reincarnation*.

Die Dharma-Theorie nun erleichtert die Vorstellung einer solchen Wiedergeburt ohne Karmaträger. Die ephemeren, sternschnuppenartig aufleuchtenden Daseinsfaktoren gruppieren sich nämlich in ständigem Fluß und Wechsel abhängig vom Karma.

Niemand vollbringt eine Tat,
Niemand den Lohn davon hat.
Nur reine Dharmas rollen hin,
Das ist der Lehre wahrer Sinn.

Kein Brahmâ hat durch seine Macht
Dies Dasein hier hervorgebracht.
Nur reine Dharmas sich bedingen,
Die vielen Ursachen entspringen.

Das Leid ist, niemand ist, in dem's entsteht,
Die Tat ist, doch kein Mensch, der sie begeht,
Nirvâna ist, doch keiner, der verweht,
Der Weg ist, aber keiner, der ihn geht.[31]

Was in diesem Prozess unaufhörlichen Werdens und Vergehens als Person erscheint, ist nur ein oberflächlicher Eindruck, eine Täuschung, hinter der sich auch kein substantieller Kern verbirgt. So heißt es bereits im Sûtra-Teil des Kanons (Samyuttanikâya 5,10,6, Übersetzung von Glasenapp, S. 76): *„Wie bei dem Zusammentreffen von bestimmten Bestandteilen das Wort ‚Wagen' gebraucht wird, so wird auch, wenn die fünf Gruppen von Daseinsfaktoren da sind, die konventionelle Bezeichnung ‚Person' gebraucht."*

Das Gleichnis vom Wagen wurde in einem bereits außerkanonischen Werk des Theravâda-Buddhismus, dem Milindapañha, das aus dem ersten Jahrhundert n.Chr. stammt, aufgegriffen und künstlerisch-narrativ überarbeitet. Das Werk behandelt die Fragen, die der Griechenkönig Menander einem buddhistischen Mönch namens Nâgasena gestellt haben soll und die der Mönch auf bewundernswert schlagfertige Weise dem König beantwortete. Das Zwiegespräch beginnt damit, daß der König den Mönch bittet sich vorzustellen. Nâgasena benutzt diese Frage des Königs, um sofort zum Thema zu kommen und den König von Anfang an mit dem Gipfelpunkt damaliger buddhistischer Philosophie, eben der Dharma-Theorie, zu konfrontieren.

„Wie heißt du, Ehrwürdiger? Welchen Namen trägst du?"

„Ich bin als Nâgasena bekannt, o König, und Nâgasena reden mich meine Ordensbrüder an. Ob nun aber die Eltern einem den Namen Nâgasena geben oder Sûrasena oder Vîrasena oder Sîhasena, immerhin ist dies nur ein Name, eine Bezeichnung, ein Begriff, eine landläufige Ausdrucksweise, ja weiter nichts als ein bloßes Wort, denn eine Wesenheit ist da genau genommen nicht vorzufinden …"

Und der König sprach zum Ehrwürdigen Nâgasena: „Wenn es, Ehrwürdiger Nâgasena, keine Wesenheit gibt ..., wer ist denn da dieser Nâgasena? Sind da etwa die Kopfhaare der Nâgasena, oder sind es Körperhaare, Zähne, Fleisch, Sehnen, Knochen, Knochenmark, Niere, Herz, Leber, Zwerchfell, Milz, Lunge, Eingeweide, Gekröse, Magen, Kot, Galle, Schleim, Eiter, Blut, Schweiß, Fett, Tränen, Lymphe, Speichel, Rotz, Gelenköl, Urin oder das im Schädel befindliche Gehirn?"

„Nicht doch, o König!"

„Oder sind etwa das Gefühl, oder die Wahrnehmung, oder die geistigen Gebilde, oder das Bewußtsein dieser Nâgasena?"

„Nicht doch, o König!"

„Dann sollen wohl vielleicht Körper, Gefühl, Wahrnehmung, geistige Gebilde und Bewußtsein, zusammen genommen, dieser Nâgasena sein?"

„Nicht doch, o König!"

„Oder soll dieser Nâgasena gar außerhalb von Körper, Gefühl, Wahrnehmung, geistigen Gebilden und Bewußtsein existieren?"

„Nicht doch, o König!"

„Ich mag dich fragen, wie ich will, Verehrter: den Nâgasena aber kann ich nicht entdecken. Soll etwa das bloße Wort ‚Nâgasena' schon der Nâgasena selber sein?

„Nicht doch, o König!"

„Nun, wer ist denn dieser Nâgasena? Eine Unwahrheit sprichst du, o Herr, eine Lüge, denn der Nâgasena existiert ja gar nicht!" –

„O König, bist du zu Fuß gekommen oder mit dem Wagen?"

„Nein, o Herr, ich bin nicht zu Fuß gekommen, sondern mit dem Wagen."

„Nun, wenn du mit dem Wagen gekommen bist, o König, so erkläre mir denn, was ein Wagen ist! Ist wohl vielleicht die Deichsel der Wagen?"

„Nicht doch, o Herr!“

„Oder die Achse?“

„Nicht doch, o Herr!“

„Oder sind die Räder, oder der Wagenkasten, oder der Fahnenstock, oder das Joch, oder die Speichen, oder der Treibstock der Wagen?“

„Nicht doch, o Herr!“

„Dann sollen wohl diese Dinge, alle zusammen genommen, der Wagen sein?“

„Nicht doch, o Herr!“

„Oder soll etwa gar der Wagen außerhalb dieser Dinge existieren?“

„Nicht doch, o Herr!“

„Ich mag dich fragen, wie ich will, o König: den Wagen aber kann ich nicht entdecken. Soll etwa das bloße Wort ‚Wagen‘ schon der Wagen selber sein?“

„Nicht doch, o Herr!“

„Nun, was ist denn dieser Wagen? Eine Unwahrheit sprichst du, o König, eine Lüge, denn der Wagen existiert ja gar nicht ...“

Und der König sprach zum ehrwürdigen Nâgasena: „Ich spreche durchaus keine Lüge, ehrwürdiger Nâgasena. Denn in Abhängigkeit von Deichsel, Achsel, Rädern usw. entsteht der Name, die Bezeichnung, der Begriff, die landläufige Ausdrucksweise, das Wort ‚Wagen‘.“

„Ganz richtig, o König, hast du erkannt, was ein Wagen ist. Gerade so aber auch, o König, entsteht in Abhängigkeit von Kopfhaaren, Körperhaaren, Zähnen, Nägeln usw. der Name, die Bezeichnung, der Begriff, die landläufige Ausdrucksweise und das Wort ‚Nâgasena‘. Im höchsten Sinne aber ist da eine Wesenheit nicht vorzufinden ...“ (*Die Fragen des Milindo*, Übers. Nyânatiloka, Leipzig 1919, Bd. 1, S. 43ff.)

Soweit die wichtigsten Lehren des kanonischen Hînayâna-Buddhismus, dessen umfangreiches Schrifttum in der

Tradition mehrerer Sekten überliefert ist. Die einzige Sekte des Hînayâna, die bis auf den heutigen Tag überlebt hat, ist der Theravâda-Buddhismus in Sri Lankâ und Südostasien. Die vom Theravâda weithin unabhängige Schulrichtung der Dharmaguptaka beispielsweise existiert heutzutage nicht mehr. Diese Sekte ist deswegen von besonderer Bedeutung, weil ihre Sammlung der langen Lehrtexte in chinesischer Übersetzung erhalten ist, und wir hatten ja auch mehrfach aus dieser Sammlung zitiert. Außer den langen Sûtras ist aber auch die Ordensregel dieser Schule in chinesischer Übersetzung überliefert, und sie ist es, die bis heute im Mahâyâna-Buddhismus weithin verbindlich geblieben ist, unabhängig von der Weiterentwicklung von Erlösungslehre und Philosophie, denen wir uns alsbald zuwenden werden. Deshalb darf an dieser Stelle, am Übergang zwischen Hînayâna- und Mahâyâna-Buddhismus, ein Kapitel über die Ordensregel und den Ordensalltag nicht fehlen – die Ordenszucht im Kleinen und Großen „Fahrzeug" bleibt praktisch die gleiche.

Ordensregel und Klosteralltag

Der buddhistische Kanon des Hînayâna setzt sich aus drei Teilen zusammen, die „Körbe" genannt werden: aus den Lehrtexten (Sûtra), der Ordensregel (Vinaya) und der Scholastik (Abhidharma). Er heißt deswegen auch das Tripitaka, wörtlich der „Dreikorb". Während wir uns bisher in unserer Darstellung der Lehren des präkanonischen und kanonischen Buddhismus fast ausschließlich auf den Korb der Lehrtexte gestützt haben, wenden wir uns nun der Ordensregel zu. Diese Ordensregel enthält detaillierte Bestimmungen, die das Leben der buddhistischen Gemeinde bis ins kleinste festlegen.

Die buddhistische Gemeinde, der Sangha, besteht aus Ordinierten *(bhikshu)* und Laien *(upâsaka)*. Diese werden in vier „Versammlungen" *(parishad)* unterteilt, nämlich in Mönche, Nonnen *(bhikshunî)*, Laienanhänger und Laienanhängerinnen *(upâsikâ)*. Aufgabe der Laien ist es, Verdienst *(punya)* zu sammeln, indem sie an die Ordinierten Almosen spenden *(dâna)*. Pflicht der Ordinierten ist es, im Gegenzug die Lehre an die Gemeinde zu spenden *(dharmadâna)*: *„Großen Nutzen, ihr Mönche, bringen euch die Brahmanen und Bürger, die euch zur Seite stehen mit dem, was ihr bedürft: Mönchsgewänder, Speise, Lager und Sitz, Arzneien, wenn ihr krank seid. Und wiederum bringt ihr, ihr Mönche, den Brahmanen und Bürgern großen Nutzen, wenn ihr ihnen die Lehre predigt … im Geist und nach dem Buchstaben, ihnen den vollen und ganzen, reinen heiligen Wandel verkündet. So beruht, ihr Mönche, beider Teile heiliger Wandel gegenseitig aufeinander, daß man über die Fluten hinüberkommen, allem Leiden ein Ende machen möge."* (Itivuttaka, Nr. 107, zitiert nach D. Back /W. Sonn: *Buddhismus*, 1983, S. 22, Text 9.) Letztes Ziel der Ordinierten, Mönche wie Nonnen, bleibt es natürlich, nach ihrer individuellen Erlösung zu streben.

Ordination

Betrachten wir zunächst das Verfahren bei der Ordination, wie es auch heute noch geübt wird. Hierbei sind zwei Zeremonien zu unterscheiden. Die erste findet zu Beginn der Probezeit als Novize statt, mit der zweiten erhält man den Status als Mönch oder Nonne.

Für den Eintritt in den Orden, die Pravrajyâ, ist das Mindestalter von acht Jahren erforderlich. Man wird damit Novize *(shrâmanera)*. Die Zeremonie umfaßt das Anlegen der gelben Robe, das Scheren von Kopfhaar und Barthaar, die Niederwerfung vor einem Lehrer *(upâdhyâya)*, und das dreimalige Aussprechen der Zufluchtsformel.

Ein anderer Lehrer *(âcârya)* erläutert dann dem Novizen die zehn grundlegenden Verbote (shikshâpada, die für Ordinierte, das heißt also für Mönche und Nonnen gleichermaßen, Gültigkeit besitzen. Die ersten fünf dieser Verbote kennen wir bereits. Es sind im Grunde dieselben, die auch für Laien Gültigkeit haben. Ordinierte dürfen nicht töten; und sie dürfen nur nehmen, was ihnen gegeben wird. An die Stelle des den Laien verbotenen außerehelichen Verkehrs tritt bei Ordinierten das Verbot sexueller Betätigung überhaupt. Und genausowenig wie die Laien dürfen Ordinierte lügen und Alkohol trinken. Das Alkoholverbot schließt auch den Genuß anderer Drogen mit ein. Über die fünf Laienverbote hinaus ist es Ordinierten ferner untersagt – dies sind nun die Verbote sechs bis zehn – nach dem Mittag zu essen, die Teilnahme an Tanz-, Gesang-, Musik- oder Schau-Aufführungen, der Gebrauch von Blumenschmuck, Parfüm und Salben, eine bequeme Lagerstatt sowie die Entgegennahme von Gold oder Silber.

Mit der eigentlichen Ordination *(upasampadâ)* erlangt der Novize den Status als vollwertiger Mönch; er wird ein sogenannter Bhikshu, im Pâli Bhikkhu, was wörtlich „Bettler" oder „Bettelmönch" heißt. Hierfür ist ein Mindestalter von zwanzig Jahren vorgeschrieben. Vorher muß eine mindestens vier Monate währende Probezeit als Novize abgeleistet worden sein. In den die Ordinationszeremonie betreffenden Ritualanweisungen *(karmavâcanâ)* ist vorgeschrieben, daß mindestens zehn Mönche anwesend sein müssen. Der Anwärter sucht dreimal um Aufnahme in den Orden nach. Der Antrag wird eingebracht (sog. *jñapti*), und es erfolgt ein dreimaliger Vorschlag mit demokratischer Abstimmung. Die anwesenden Mönche geben ihre Zustimmung durch Schweigen. Man vermerkt Tag und Stunde der Ordination, und der Neuling wird über die Regeln des Klosterlebens belehrt.

Ausrüstung und Verköstigung

Die Robe des Mönchs besteht aus drei Tüchern, aus Untergewand, Übergewand und einem Umhang. Nach Gegend und Klima ist die Fußbekleidung verschieden, in der Regel trägt der Mönch Sandalen. Als Gebrauchsgegenstände darf er besitzen die Almosenschale, außerdem Gürtel, Schermesser, Nadel, Seihe, Stock und Zahnholz. Robe und Ausrüstungsgegenstände werden dem Mönch von den Laien gespendet.

Ihre Nahrung mußten die buddhistischen Wandermönche ursprünglich morgens erbetteln und mittags in Zurückgezogenheit essen. Es sei denn, sie waren bei einem Laienanhänger zur Mönchsspeisung eingeladen. Dann wurde das Essen an Ort und Stelle eingenommen. Mit dem Aufkommen der Klöster wurde der Bettelgang allmählich durch Klosterküchen abgelöst. Doch ist die Sitte des täglichen Bettelgangs auch heute noch nicht aus manchen Gegenden Sri Lankâs und Südostasiens verschwunden.

Fisch und Fleisch sind als Nahrung erlaubt, wobei die Einschränkung gilt, daß man „nicht gesehen, nicht gehört, und nicht vermutet" haben darf, daß das Tier eigens für einen selbst geschlachtet wurde.

Als Wandermönche schliefen die buddhistischen Shramanas anfangs noch im Freien, unter einem Baum, in Blätterhütten oder Höhlen. Die drei Monate der Regenzeit verbrachten sie in selbstgebauten Blätterhütten, weil dann das Wandern durch die heftigen Monsungüsse unmöglich ist. Nach und nach wurden dann auch buddhistische Klöster, sog. Vihâra, errichtet.

Tagesablauf

Der Tag verging für den Wandermönch möglichst geregelt. Er begann nach dem Aufstehen in aller Frühe mit Meditation. Noch am Vormittag hatte der Bettelgang stattzufinden, danach wusch sich der Mönch die Füße und sah zu, daß er in aller Abgeschiedenheit die erbettelte Mahlzeit spätestens bis kurz nach Mittag einnahm. Nach der Siesta erteilte der Mönch gegebenfalls Unterricht. Nach Sonnenuntergang fand eine Sprechstunde für Laienanhänger statt, die über den Dharma belehrt wurden. Ein Bad durfte nicht fehlen. Und die Aussprache mit den Schülern beendete den Tag.

Recht anschaulich ist die folgende Schilderung des Tagesablaufs in einem Theravâda-Kloster unserer Tage:

4 Uhr 30: Erwachen und Aufstehen, ohne zu zögern. 4 Uhr 31 bis 4 Uhr 50: Zehn Liegestützen, zwanzig Kniebeugen, zehnmal

mit den Fingerspitzen die Zehen berühren im Stehen, zehnmal mit den Fingerspitzen die Zehen berühren im Liegen, rasieren; die Gelbe Robe anlegen. 4 Uhr 51 bis 5 Uhr: Achtsam eine Schale Tee trinken. 5 Uhr 01: Zum Tempel hinaufsteigen. 5 Uhr 15 bis 5 Uhr 45: Lobpreis des Buddha, der Buddha-Lehre, des Buddha-Ordens, Rezitieren verschiedener Strophen *(gâthâ)*. 5 Uhr 46: Hinabsteigen zum Wohnhaus. 6 Uhr bis 7 Uhr: Sitzen mit verschränkten Beinen und den Geist konzentrieren auf die Bewegung der Atemluft an den Nasenflügeln. 7 Uhr 01 bis 7 Uhr 14: Ausfegen des Wohnraumes. 7 Uhr 15 bis 7 Uhr 45: Reismahlzeit, Reinigen der Almosenschale. 7 Uhr 46: Hinaufsteigen in die Felsen zum Bodhi-Baum. 7 Uhr 59 bis 9 Uhr: Verlangsamtes Gehen unter dem Bodhi-Baum. 9 Uhr bis 11 Uhr: Lesen, schreiben, lernen. 11 Uhr 15 bis 11 Uhr 45: Reismahlzeit, Reinigen der Almosenschale, Reinigen der Zähne. 11 Uhr 46 bis 12 Uhr: achtsam eine Schale Tee trinken. 12 Uhr 01: Hinaufsteigen zum Tempel. 12 Uhr 15 bis 12 Uhr 45: Lobpreis des Buddha, der Buddha-Lehre, des Buddha-Ordens, Rezitieren verschiedener Strophen. 12 Uhr 46: Hinabsteigen zum Wohnhaus. 13 Uhr bis 14 Uhr: Entspanntes Liegen auf einer Holzpritsche. 14 Uhr bis 14 Uhr 29: Vorbereiten der deutschen Unterrichtsstunde. 14 Uhr 30 bis 16 Uhr: Sprachunterricht. 16 Uhr 01: Hinaufsteigen in die Felsen zum Bodhi-Baum. 16 Uhr 15 bis 17 Uhr 15: Verlangsamtes Gehen unter dem Bodhi-Baum. 17 Uhr 16: Hinabsteigen zum Speisehaus. 17 Uhr 19 bis 17 Uhr 30: Achtsam eine Schale Tee trinken. 17 Uhr 31 bis 18 Uhr: Den Körper waschen am Brunnen, die Zähne polieren mit Holzkohle. 18 Uhr 01: Hinaufsteigen zum Tempel. 18 Uhr 15 bis 18 Uhr 45: Lobpreis des Buddha, der Buddha-Lehre, des Buddha-Ordens, Rezitieren verschiedener Strophen. 18 Uhr 46: Hinabsteigen zum Wohnhaus der Mönche. 19 Uhr bis 19 Uhr 30: Mit den Brüdern reden und Betel kauen. 19 Uhr 31: Den eigenen Wohnraum betreten. 19 Uhr 32 bis 20 Uhr 30: Lesen, schreiben. 20 Uhr 31 bis 21 Uhr 30: Sitzen mit verschränkten Beinen und den Geist konzentrieren auf die Bewegung der Atemluft an den Nasenflügeln. 21 Uhr 31: Zu Bett gehen. 21 Uhr 32 bis 4 Uhr 30: Schlafen. (E. Kroneberg: *Buddha, Berlin-Wilmersdorf*. Frankfurt 1980, S. 53f., zitiert aus: D. Back /W. Sonn: *Buddhismus*, 1983, S. 27.)

Am Voll- und Neumondtag feiert man den buddhistischen Fastentag mit der Zeremonie des Uposatha. An diesen Feiertagen halten auch fromme Laien die zehn Verbote ein, die sonst nur für die Ordinierten Gültigkeit haben, das heißt also unter anderem, daß auch sie nach Mittag keine Nahrung mehr zu sich nehmen. In den Klöstern versammeln sich die Mönche und rezitieren das buddhistische Beichtformular, das Prâtimoksha. Dieses Beichtformular ist der Kern der buddhistischen Ordensregel, um den sich die anderen Teile gruppieren.

Frauen und Nonnen

[32]Der buddhistische Orden besteht aus dem Mönchs- und dem Nonnenorden. Mönche und Nonnen sind zu geschlechtlicher Enthaltsamkeit verpflichtet. Deshalb werden beide gleich zu Beginn des Anguttaranikâya, der „Angereihten Sammlung" des Pâli-Kanons, vor der gefährlichen Anziehungskraft des jeweils anderen Geschlechts mit eindringlichen Worten gewarnt: *„Ihr Mönche, ich sehe keine andere Gestalt, die den Geist des Mannes so dauerhaft beherrscht, wie die Gestalt der Frau. Die Gestalt der Frau, ihr Mönche, beherrscht den Geist des Mannes auf Dauer. Ich sehe kein anderes Geräusch, keinen Geruch, keinen Geschmack, keine Berührung, die den Geist des Mannes so dauerhaft beherrscht, wie das Geräusch, den Geruch, den Geschmack und die Berührung einer Frau. Das Geräusch, der Geruch, der Geschmack und die Berührung einer Frau beherrschen den Geist des Mannes auf Dauer. – „Ihr Mönche, ich sehe keine andere Gestalt, die den Geist der Frau so dauerhaft beherrscht, wie die Gestalt des Mannes. Die Gestalt des Mannes, ihr Mönche, beherrscht den Geist der Frau auf Dauer. Ich sehe kein anderes Geräusch, keinen Geruch, keinen Geschmack, keine Berührung, die den Geist der Frau so*

dauerhaft beherrscht, wie das Geräusch, den Geruch, den Geschmack und die Berührung eines Mannes. Das Geräusch, der Geruch, der Geschmack und die Berührung eines Mannes beherrschen den Geist der Frau auf Dauer.“

Der Buddha soll gesagt haben, dadurch, daß er der Aufnahme von Frauen in den Orden zustimmt, würde die Lehre statt 1.000 Jahre nur noch 500 Jahre bestehen. (Vinaya II 256 ≠ Anguttaranikâya IV 276) Für Nonnen gelten mehr und strengere Regeln als für Mönche; es gibt ein eigenes Beichtformular für Nonnen, das sich an das Prâtimoksha für die Mönche anschließt. Nonnen sind den Mönchen untergeordnet. (Cullavagga 10,1,4) Eine Nonne kann aber ebenfalls die Arhatschaft erlangen. (Vin II 254 = AN IV 276) Ein Drittel der hervorragendsten Ordinierten der frühesten Zeit sollen Nonnen gewesen sein. (AN 1,14) Bekannte Nonnen, welche die Arhatschaft verwirklicht haben, sind Mahâprajâpatî Gautamî, die Pflegemutter des Bodhisattva, – sie gilt auch als die Gründerin des Nonnen-Ordens; oder auch Kshemâ, die einstige Gemahlin des Magadha-Königs Bimbisâra.

Zur Stellung der Frau im Buddhismus läßt sich jedenfalls festhalten, daß Mann und Frau insofern gleichberechtigt sind, als sie sich vor dem jeweils anderen Geschlecht hüten sollen. Schließlich ist der Buddhismus ja eine weltabgewandte, genußfeindliche Religion, welche Lust und Sinnenfreude als erlösungshinderlich ansieht. Die bei oberflächlicher Betrachtung frauenfeindlich erscheinenden Äußerungen in den buddhistischen Texten sind also eher aus der mönchischen Abwehr der möglichen Verführerinnen zu erklären; und sie sind umgekehrt auch auf die Männer anzuwenden, wenn sie nämlich aus der Perspektive einer Nonne gelesen werden. Es geht also um die Abwehr nicht der Frau, sondern des jeweils anderen Geschlechts. Festgehalten werden muß aber auch, daß die Frauen die eigentlichen Träger und Erhalter der buddhistischen Gemeinde sind. Die Hausfrauen füllen den Mönchen die Bettelschale und spenden ihnen die Ausrüstungsgegenstände sowie Medizin. Und es sind die Frauen, die ganz besonders auch durch den täglichen Kultdienst und ihr Gebet den Buddha-Glauben und die buddhistische Frömmigkeit am Leben erhalten.

Ordenshierarchie

Die Hierarchie des Ordens regelt sich im allgemeinen durch die Anciennität, also durch das Ordinationsalter. Höchstes Ansehen genießt aber der Arhat, der buddhistische Heilige, der den Erlösungsweg des Buddha zu Ende gegangen ist und das Nirvâna erlangt hat. Zum höchsten Ziel der Arhatschaft kennt bereits der kanonische Hînayâna-Buddhismus drei Vorstufen. 1.) Der „In den Strom Eingetrene“ hat nicht mehr mit niederen Existenzen zu rechnen und wird mit Sicherheit eines Tages die Arhatschaft erlangen. 2.) Der „Einmal-Wiederkehrende“ hat nur noch eine Wiedergeburt zu erwarten, in der er dann das Nirvâna verwirklicht. 3.) Der „Nicht mehr Wiederkehrende“ wird nicht mehr als Mensch wiedergeboren. Er erlangt eine Wiedergeburt in einem Himmel, von wo er direkt in die Erlösung eingeht. Diese letzte Stufe erinnert bereits sehr an das Bild vom Bodhisattva, wie es der Mahâyâna-Buddhismus entwickelt, dem wir uns im folgenden zuwenden.

Mahâyâna – das Große Fahrzeug

Der Mahâyâna-Buddhismus[33], das „Große Fahrzeug“, tritt im ersten Jahrhundert v. Chr. in Erscheinung. Einiges spricht für die Annahme, daß die zweite „Drehung des Rades der Lehre“ in Südindien in Gang gesetzt wurde; jedenfalls stammen die wichtigsten Denker der mahâyânistischen Schulen aus dem Süden des Subkontinents. Das Mahâyâna prägte für die bereits bestehenden, älteren buddhistischen Schulen den Begriff Hînayâna, der abwertend klingt und klingen soll: *hîna*, das „geringe“, das Kleine Fahrzeug zur Erlösung. Das Mahâyâna löst das traditionelle Hînayâna nicht ab, sondern beide bestehen nebeneinander weiter; trotz der Namenspolemik übrigens in aller Eintracht. Beide teilen die Grundüberzeugungen von der Leidhaftigkeit des menschlichen Daseins, von dem Zwang zur Wiedergeburt in der „Welt der Wanderungen“, dem Sansâra, und von der daraus folgenden Notwendigkeit der Erlösung von diesem leidhaften Umhergeworfenwerden, aber auch von der Möglichkeit dieser Erlösung, und zwar für jedermann. Wie das Hînayâna ist erst recht der Mahâyâna-Buddhismus überzeugt von der grundsätzlichen Gleichheit aller Wesen.

Genauso, wie einst der Urbuddhismus als Reformbewegung gegen die religiösen und philosophischen Strukturen Altindiens opponierte, versteht sich nun das Mahâyâna seinerseits als Neuerung, und zwar als Überhöhung des traditionellen Buddhismus. Denn der Erlösungsweg des Hînayâna steht zwar prinzipiell allen Menschen offen; aber es läßt sich auch nicht leugnen, daß es ein schwieriger, ein anspruchsvoller Pfad ist, der nur wenige auch tatsächlich zur Erlösung von den Leiden des Daseins führt. Es ist ein Weg für Mönche und Nonnen. Er verlangt einen hohen Grad an geistlicher Entwicklung, die den Entschluß zur Weltentsagung ermöglicht. Und die Realisierung des Nirvâna ist zwar prinzipiell „noch im gegenwärtigen Leben“ möglich. Sie setzt allerdings eine eiserne Disziplin der Sittlichkeit und ein überdurchschnittliches Maß an meditativer Begabung voraus. Ersonnen von wandernden Bettelmönchen, ist es ein Weg für nüchterne Skeptiker, für daseinsüberdrüssige Weltverneiner, für sinnenfeindliche Rationalisten und einsame Individualisten.

Doch blieb die religiöse Bewegung des Buddhismus nicht auf einige wenige Bettelmönche und Bettelnonnen beschränkt. Als Universalreligion stand der Buddhismus allen offen und bot von daher in einem ansonsten streng hierarchischen gesellschaftlichen Umfeld die Möglichkeit zur Überwindung gesellschaftlicher Schranken. Diese egalitäre Organisation bekam mehr und mehr Zulauf und wuchs sich aus zur Massenbewegung. Die buddhistische Gemeinde besteht, wie wir sahen, nicht nur aus den Ordinierten. Vielmehr sind Mönche und Nonnen für ihr Überleben angewiesen auf die Laien, die ihnen durch mildtätige Spenden Nahrung, Kleidung, Gebrauchsgegenstände und im Bedarfsfalle Medizin zukommen lassen. Die weithin von Legenden überwucherte frühe Kirchengeschichte läßt immerhin erkennen, daß laizistische Strömungen zunehmend an Einfluß gewannen. Das sich im ersten vorchristlichen Jahrhundert formierende Mahâyâna geht im wesentlichen auf den Einfluß der Laienschaft innerhalb der buddhistischen Gemeinde zurück. Die buddhistische Kirche mußte sich in der Welt einrichten – unbeschadet des Erlösungsstrebens einzelner.

Wenn sich also der frühe Buddhismus auszeichnet durch Strenge, Kargheit und Zielstrebigkeit, so breiten sich nun, im Mahâyâna, Milde, Fülle und Gelassenheit aus. Der alte Buddhismus bot keine Entfaltungsmöglichkeit für die Grundbedürfnisse des größten Teils seiner

Anhängerschaft: für das fromme Gefühl, für die Sehnsucht nach religiöser Erbauung, aber auch nicht für theologische Spekulation und philosophische Phantasie. Die neuen Erlösungswege des Mahâyâna hingegen können diese Erwartungen befriedigen.

Vergöttlichung des Buddha

Die theologische Spekulation des Mahâyâna richtet sich zunächst auf das Wesen des Buddha. Die historische Person tritt mehr und mehr in den Hintergrund. In der Buddha-Legende finden wir Ansätze zu Buddha-Kult und Buddha-Verherrlichung, wenn der Mensch Gautama zu einem übernatürlichen Segensstifter hochstilisiert wird. Diese Tendenzen gipfeln in der mahâyânistischen Lehre von den Drei Körpern *(tri-kâya)* des Buddha, die etwa im fünften Jahrhundert n.Chr. voll ausgebildet ist.

Die Lehre von den drei Körpern des Buddha geht von der Annahme aus, daß im unendlichen Universum in unermeßlichen Räumen und unausdenklichen Zeitzyklen zahllose Buddhas existieren. Sie alle aber fallen zusammen im sogenannten „Körper des Gesetzes“ *(dharma-kâya)*. Dieser Körper oder Leib des Gesetzes bzw. der Lehre ist die gleichzeitig immanente und transzendente letzte Wirklichkeit aller Phänomene. Dieses Absolute ist leer, weshalb alle Wesen und Erscheinungen in ihrer Leere identisch sind. Das Mahâyâna ist demnach mystisch und monistisch, im Unterschied zum „pluralistischen“ Hînayâna, welches das Universum in eine Vielzahl von Kategorien unterteilt.

In seiner höchsten Erscheinungsform als „Körper des Gesetzes“ trägt der Buddha gottähnliche Züge. Der „Gesetzeskörper“ als überpersönliches Absolutes wird gelegentlich, etwa im Lankâvatârasûtra, sogar personal aufgefaßt und auch in der Kunst dargestellt. Er kann dann

Âdibuddha heißen, „Urbuddha". Aus dem Âdibuddha sind nicht nur alle anderen Buddhas hervorgegangen, sondern er ist auch Schöpfer, Urgrund und letzte Seinsursache des gesamten Universums. Der Buddhismus nähert sich hier monotheistischen Glaubensvorstellungen. Das Konzept des Âdibuddha ist als Synkretismus zu verstehen, angeregt durch den Kontakt mit Hochgottvorstellungen des Hinduismus.

Auf der zweiten Stufe zerfällt der eine „Körper des Gesetzes" in unendlich viele „Körper des Genusses" *(sambhoga-kâya)*, so zahlreich wie die Sandkörner am Ufer der Gangâ. Dabei handelt es sich um feinstoffliche, transzendente Buddhas, die nur spirituell erfahrbar sind. Mit ihren 32 Kennzeichen eines Großen Mannes, zu denen beispielsweise die goldene Hautfarbe, die große Zunge oder auch das in einer Höhlung verborgene Geschlechtsteil gehören, sowie den achtzig untergeordneten Zeichen sind sie nur für Bodhisattvas sichtbar. Im „Körper des Genusses" genießen die Buddhas ewiglich die Früchte ihrer äonenlang gesammelten Verdienste. Genuß bereiten sie aber auch anderen, und zwar durch ihren Anblick. In dieser Erscheinungsform tragen die transzendenten Buddhas Züge von himmlischen oder paradiesischen Göttern. Amitâbha, Herr über sein Paradies Sukhâvatî, ist eine der beliebtesten Gestalten – mit ihm werden wir uns noch ausführlicher beschäftigen.

Die Genußkörper-Buddhas erzeugen mittels Meditation die „Körper der magischen Schöpfung" *(nirmâna-kâya)*. Diese sind die Buddhas in grobstofflicher, menschlich-physischer Gestalt, z.B. als Shâkyamuni. So ist der historische Buddha als Emanation des transzendenten Buddha im Sansâra zu verstehen. Die „Körper der magischen Schöpfung" sind ebenfalls mit den 32 Kennzeichen eines Großen Mannes versehen. Im Gegensatz zu den beiden anderen Körpern ist der Körper der magischen Schöpfung sterblich. In dieser niedrigsten Gestalt bedient sich der

Buddha seiner „Geschicklichkeit in der Anwendung der Mittel“, um die Menschen zum Buddhismus zu bekehren. Die Mittel sind z.B. die Predigt, aber auch das Wunder. Dadurch werden die Wesen von der Illusion befreit, von dem Wahn, in den unsteten Phänomenen der Erscheinungswelt etwas Substanzhaftes, Dauerhaftes oder Glückvolles zu sehen.

In der Lehre von dem dreifachen Buddhakörper sehen wir die Reaktion auf den Antitheismus des Urbuddhismus, der Götter als für die Erlösung überflüssig ansah. Der Buddhismus entwickelte sich im polytheistischen Umfeld des Hinduismus. Dessen zahlreiche Göttergestalten, seine „Lieblingsgottheiten“ *(ishtadevatâ)*, aber auch seine Hochgötter wie Vishnu und Shiva, konnten nicht ohne Einfluß auf die buddhistische „Buddhologie“ bleiben, also auf die Lehre vom Wesen des Buddha. Der Buddhismus paßte sich an. Er mußte das Verlangen der Gläubigen nach übernatürlichen Gestalten stillen, sah sich gezwungen, der Konkurrenz des Hinduismus etwas Vergleichbares, den Gläubigen Vertrautes, entgegenzusetzen. Die drei Buddhakörper nun befriedigten ein dreifaches Begehren. Der intellektuelle und dabei mystisch veranlagte Gläubige war durch die monistische Konzeption des „Körpers des Gesetzes“ zufriedengestellt, so daß er nicht auf vergleichbare philosophische und theologische Systeme des Hinduismus zurückzugreifen brauchte. Die „Körper des Genusses“ boten mannigfaltigen Stoff für die Phantasie der verehrungs- und huldigungswilligen Frommen, die in den transzendenten Buddhagestalten attraktive Gegenstücke zur henotheistischen Götterwelt des Hinduismus fanden. Und die Rationalisten schließlich konnte man auf den „Projektionskörper“ und damit auf den historischen Stifter verweisen, auf die Person Gautamas, welcher dem Buddhismus im Unterschied zu den mythischen Rishis des Hinduismus die geschichtliche Dimension und Authentizität verleiht.

Erlösungswege des Mahâyâna

Wie wir den Urbuddhismus als Reformbewegung gegen die herrschenden philosophischen und religiösen Systeme der damaligen Zeit verstehen müssen, so tritt uns nun, knapp ein halbes Jahrtausend später, der Mahâyâna-Buddhismus entgegen, der sich seinerseits als eine Reform des Hînayâna-Buddhismus begreift. Neben dem Wiedereinzug der Götter besteht eine weitere wesentliche Neuerung der zweiten Drehung des Rades der Lehre im Altruismus. Das religiöse Denken kreist nicht mehr egozentrisch um die eigene Erlösung, sondern um die Erlösung des anderen, ja aller anderen. Der hînayânistische Arhat hat sich selbst erlöst. Dem mahâyânistischen Bodhisattva hingegen ist es wichtiger, alle anderen zu erlösen. Das Ideal des Arhat wird abgelöst vom Ideal des Bodhisattva. Selbsterlösung wird überhöht durch Fremderlösung. Der urbuddhistische Achterweg hat zwar noch Gültigkeit, aber nur im eingeschränkten Sinne; er gilt als zu schwierig, zu egoistisch und zu zweckbetont. Er wird verdrängt durch neue Erlösungswege, durch den Gnadenweg der Bodhisattvas, den kultischen Weg der gläubigen Hingabe und die philosophischen Wege des Wissens.

Erlösung durch Gnade – Bodhisattvayâna

Gemäß der Anschauung des Hînayâna ist ein Buddha ein Mensch, der von sich aus die Lehre, den Dharma, findet, sich dadurch selbst vom Kreislauf der Wiedergeburten erlöst, aber es nicht dabei bewenden läßt, sondern die von ihm gefundene Lehre auch predigt. Jedes Wesen, das einmal ein Buddha werden will, muß über unendliche Zeiträume hinweg allmählich soviel Verdienst, soviel gutes Karma, sammeln, bis es endlich als Buddha wiedergeboren werden kann. Solange ein solcher Buddha *in spe* noch nicht das Nirvâna erlangt hat, nennt man ihn nach buddhistischer Ausdrucksweise einen Bodhisattva, wörtlich ein „Wesen, dem das geistliche Erwachen bestimmt ist“, ein „zur Buddhaschaft bestimmtes Wesen“. Es handelt sich also um ein Wesen, das mit Sicherheit eines Tages, sei es in der gegenwärtigen, sei es in einer zukünftigen Wiedergeburt, aufgrund seines bereits gesammelten Verdienstes ein Buddha werden muß.

Nun heißt das Mahâyâna treffender auch Bodhisattvayâna, das „Fahrzeug der Bodhisattvas“. Auch im Mahâyâna wird ein Bodhisattva irgendwann einmal aufgrund seines Verdienstes die Bodhi erlangen und dadurch ein Buddha werden. Insoweit stimmt der Begriff noch mit dem Bodhisattvabild des Hînayâna überein. Im Mahâyâna aber stellt der Bodhisattva aus Mitleid mit den Wesen, die den Leiden des Geburtenkreislaufs hilflos ausgeliefert sind, die eigene Erlösung und damit die Erlangung der Buddhaschaft zurück. Wichtiger ist es ihm, zu helfen. Vor Zeugen legt er das Bodhisattva-Gelübde ab, alle Wesen zu retten: *„Ich habe das Gelübde abgelegt: Wenn irgendein Wesen kommt und bei mir Zuflucht nimmt, werde ich es unter allen Umständen retten und schützen.“*[34] So gelobt der Bodhisattva beispielsweise in Gestalt des Königs Shibi, als ein Habicht von ihm eine Taube einfordert, und der König geht so weit, alles Fleisch seines Körpers abzuschneiden, um es für die Taube in die Waagschale zu werfen, womit er das Bodhisattva-Ideal der Spendefreudigkeit auf die Spitze treibt.

Da der Bodhisattva alle Wesen retten will – alle, das heißt also unendlich viele Wesen – muß er seine eigene Erlösung auf endlose Zeit zurückstellen. Die Selbsterlösung des Hînayâna wird damit ersetzt durch Fremderlösung.

Fremderlösung kann nur stattfinden, weil es im Mahâyâna, im Unterschied zum Hînayâna, die Möglichkeit der Verdienst-Übertragung gibt. Der Bodhisattva überträgt sein gutes Karma, das „Verdienst" *(punya)* seiner guten Taten, auf andere Wesen, um sie dadurch von ihrem Leiden zu erlösen.

Der Bodhisattva ist im Mahâyâna nicht mehr nur eine Vorexistenz des Buddha unserer Epoche, des Siddhârtha Gautama, des Shâkyamuni, wie er es im Hînayâna war. Vielmehr gibt es eine unendliche Zahl von Bodhisattvas, zu allen Zeiten in allen Welten in der Unendlichkeit des Universums. Jeder Mensch kann ein Bodhisattva werden, ja im Grunde trägt er die Buddhaschaft schon in sich (die Theorie vom „Tathâgatagarbha"), weil nämlich der Buddha in seinem „Körper des Gesetzes" *(dharmakâya)* – wie wir sahen – mit der letzten und höchsten Realität zusammenfällt, und die ist leer, wie alle Daseinsfaktoren. Die ursprüngliche Gleichheit aller Wesen war bereits eines der Axiome des Urbuddhismus. An ihr hält auch das Mahâyâna fest. Aus der monistischen Philosophie des Mahâyâna ergibt sich, das zwischen den nicht-erlösten Wesen, den „zur Erleuchtung bestimmten Wesen", also den Bodhisattvas, und schließlich sogar den Buddhas letztlich kein Unterschied besteht, daß sie alle Wesensidentität besitzen.

Wichtiger als sich selbst zu erlösen ist es also für den Bodhisattva, der Welt zu helfen. Die hervorragendste Tugend eines Bodhisattva ist das Große Mitleid *(mahâkarunâ)*. Die individualistische Erlösungs-Ethik des Hînayâna wird durch die altruistische Tugend des Mitleids überhöht. So wie im Urbuddhismus der Verstand den sittlichen Lebenswandel kontrolliert (Shonatândyasûtra), soll nun im Mahâyâna das Mitleid durch Erkenntnis *(prajñâ)* überprüft werden. Die Tugend des Mitleids kennen wir bereits aus den vier Brahmavihâra, den Erhabenen Verweilungen, des Hînayâna; möglicherweise wurde sie von daher weiterentwickelt.

Abgesehen von der Kardinaltugend des Mitleids muß sich ein Bodhisattva, dem klassischen System zufolge, um zehn „Vollkommenheiten" *(pâramitâ)* bemühen, und zwar um Spendefreudigkeit (bzw. Opferbereitschaft und Barmherzigkeit, *dâna*), Sittlichkeit *(shîla)*, Geduld *(kshânti)*, Energie *(vîrya)*, Meditation *(dhyâna)*, Erkenntnis (oder Weisheit, *prajñâ*), Geschicklichkeit in der Anwendung der Mittel zur Bekehrung *(upâya-kaushalya)*, Gelübde (oder Vorsatz, *pranidhâna*), Kraft *(bala)* und Erkennen *(jñâna)*.

Diese zehn Vollkommenheiten haben die Dreiteilung in Sittlichkeit, Meditation und Weisheit zur Grundlage, die uns bereits aus der Tathâgata-Predigt des kanonischen Hînayâna-Buddhismus bekannt ist. Die vollentwickelte Zehnerreihe bestand ursprünglich nur aus den ersten sechs Gliedern, endend mit der Weisheit *(prajñâ)*. Der Mahâyâna-Buddhismus umgab also die grundlegende Tugend der Sittlichkeit mit Spendefreudigkeit, die wir ebenfalls als eine der wichtigsten Laientugenden des alten Buddhismus kennen; außerdem mit Geduld, einem Charakterzug, der angesichts der Länge der Bodhisattva-Laufbahn und ihres anspruchsvollen Ziels, nämlich sämtliche Wesen zur erlösenden Erkenntnis zu führen, in der Tat unentbehrlich erscheint. Das trifft auch auf die Tugend der Energie zu, durch die man sich an die „Bemühung" *(vyâyâma)* des Mittleren Weges der Predigt von Benares erinnert fühlt. Die so entstandene Sechserreihe wurde schließlich um die letzten vier Begriffe erweitert, um sie einer weiteren Theorie anzupassen, nämlich der Lehre von den zehn „Ländern" oder „Stufen" in der Laufbahn eines Bodhisattva. Auf jeder dieser zehn Stufen konnte dann der Bodhisattva eine der Bodhisattva-Tugenden verwirklichen.

Diese zehn Stufen, die so klingende Namen tragen wie „die Freudige", „die Schwer zu Erobernde" oder „die Voller Gesetzeswolken", erstrecken sich über mehrere Zeitalter *(kalpa)* und vereinigen eine phantasievolle Kosmologie mit den eben genannten zehn „Vollkommenheiten" *(pâramitâ)*, den Tugenden des Bodhisattva. Auf jeder

Stufe steht eine der Vollkommenheiten im Mittelpunkt. Über diese Vollkommenheiten hinaus verwirklicht das zur Buddhaschaft bestimmte Wesen auf jeder dieser Stufen bestimmte Einsichten in verschiedene Inhalte der buddhistischen Lehre, wie zum Beispiel die Vier Wahrheiten oder den Lehrsatz vom Entstehen in Abhängigkeit. Das bedeutet also, daß der Bodhisattva sein Gelübde ablegt, bevor er die buddhistische Lehre verstanden hat: Die Praxis zählt mehr als alle Theorie. Die Zehn-Stufen-Lehre entstand zwischen den Jahren von etwa 100 und 300 n.Chr. Architektonisch ist sie versinnbildlicht in der Tempelanlage von Borobudur auf Java, deren zehn Stockwerke oder Terassen die einzelnen „Stufen“ der Bodhisattva-Laufbahn zu bewundernswertem künstlerischen Ausdruck bringen.

Bodhisattvas, die sich auf einer der Stufen dieser Laufbahn befinden, gibt es unendlich viele. Sie treten entweder in irdischer, sterblicher Gestalt auf, nämlich auf den ersten sechs Stufen; oder, von der siebten Stufe an, in transzendenter Gestalt, in der sie nicht mehr wiedergeboren werden und nach Belieben ihre Gestalt ändern können. Viele Bodhisattvas leben unerkannt in menschlicher Erscheinung, um unauffällig umso wirkungsvoller ihr heilvolles Werk zu vollbringen. Manche dieser Nothelfer aber sind besonders populär; ihnen wird im Kult eine andächtige Verehrung zuteil.

Maitreya etwa, „Der Liebende“, der bereits dem Hînayâna bekannt ist: der Buddha-Legende gemäß folgt er auf Shâkyamuni, der ihn im Tushita-Himmel zu seinem Nachfolger ernannte, bevor er zu seiner letzten Geburt als Bodhisattva in Gestalt eines weißen Elefanten in den Schoß seiner Mutter Mâyâ einging. Maitreya besitzt – wie sein Name besagt – in hohem Maße die Bodhisattva-Tugend der *maitrî*, der Freundschaft oder Liebe. Außerdem verfügt Maitreya über das Amrita, den Nektar des Nicht-Sterbens, der mit dem Nirvâna identisch ist.

Mañjushrî ist der Bodhisattva „von lieblicher Schönheit". Er trägt wie alle transzendenten Bodhisattvas eine Krone mit fünf Spitzen und ist an seinem Flammenschwert zu erkennen. Oft wird er als Jüngling dargestellt. Unter der Bezeichnung „Herr des Wortes" *(vâgîshvara)* verehren ihn die Gelehrten als ihren Schutzpatron, ja er gilt geradezu als die Personifizierung der Weisheit *(prajñâ)*. Einer Legende zufolge soll er im 7. Jahrhundert aus China gekommen sein; sein Kultzentrum dort ist das Wŭtài-shān-Gebirge. Er gilt darüber hinaus als der Begründer des Königreichs Nepal.

Der und wichtigste Bodhisattva des nördlichen Buddhismus jedoch ist Avalokiteshvara, ein transzendenter Bodhisattva-Mahâsattva. Er ist „der gnädig heraubschauende Herr"; in China hat er weibliche Gestalt angenommen als die Göttin 觀音 Guān-yīn, Japanisch Kannon. Passend zu seinem Namen hat man ihm als Wohnsitz den Berg Potalaka gegeben, von dem er „gnädig herabschaut". Avalokiteshvara wurde in noch höherem Maße vergöttlicht als die anderen transzendenten Bodhisattvas; er hat viele Eigenschaften hinduistischer Götter in sich aufgenommen, ist Brahmâ, Vishnu und Shiva zugleich geworden. Manchen Gläubigen steht er höher selbst als der Buddha; für sie ist Avalokiteshvara zum Hochgott aufgestiegen. Ganz besonders zeichnet Avalokiteshvara sich durch sein Großes Mitleid aus, die Kardinaltugend der Bodhisattvas. Verehrt wird er deshalb als der Nothelfer schlechthin in Krankheit und Gefahr. Aber auch bei Kinderlosigkeit rufen die Frauen Avalokiteshvara an; in Japan wird die weibliche Kannon auch mit Kind dargestellt – es ist nicht ihr eigenes, sondern das Kind, das sie anderen gewährt. Als transzendenter Bodhisattva der neunten Stufe kann Avalokiteshvara die unterschiedlichsten Gestalten annehmen, abhängig davon, wie er die Wesen am wirkungsvollsten bekehren wird; beispielsweise erscheint er in Gestalt hinduistischer Götter wie Shiva oder Kuvera, des Gottes des Reichtums. Er heißt auch Padmapâni, weshalb man ihn als Jüngling mit einem Lotos in der Hand darstellt. Ein anderer Name ist Lokeshvara, „Herr der Welt". In Japan kennt man 33 Erscheinungsformen der Kannon; in Nepal besitzt Avalokiteshvara gar 108 verschiedene Gestalten. Selbst im hînayânistisch geprägten Sri Lankâ wird er unter dem Namen Nâtha verehrt. Fromme Phantasie[35] malt ihn sich aus als Biene, die einst in Benares Preishymnen auf Buddha, Lehre und Gemeinde summte; Würmer ohne Zahl hörten sein Summen, wodurch sie soviel Verdienst erlangten, daß sie auf der Stelle als Bodhisattvas in Avalokiteshvaras Paradies wiedergeboren wurden. Im tibetischen Lamaismus gilt der Dalai Lama als Verkörperung des Bodhisattva Avalokiteshvara. Avalokiteshvaras Mantra ist das bekannte *om mani padme hûm*, „om Juwel in der Lotosblüte hûm".

Die Gnadenerlösung, die Erlösung durch die Hilfe eines Bodhisattvas oder auch eines Buddha, gewann immer mehr an Bedeutung. Dieser Heilsweg steht auch den wenig Guten und Weisen offen. Sie bitten die irdischen Bodhisattvas, ihre Mitmenschen also, oder die transzendenten Bodhisattvas um Hilfe, und diese Hilfe wird dann in jedem Falle auch gewährt. Allerdings hat dieser Heilsweg zum Ziel, daß der Heilsuchende selbst eines Tages zu einem Bodhisattva wird. Dann aber muß er die schwere Last des Bodhisattva-Seins selbst tragen. Dieser Weg ist deswegen nur am Anfang leicht. Er führt später dahin, daß der Erlöste, nun selbst Bodhisattva, die Leiden aller anderen Wesen mitträgt – mittragen will.

Für die Verehrung der transzendenten Bodhisattvas gilt gleichermaßen, was oben über die Vergöttlichung des Buddha gesagt wurde. Die Bodhisattvas nehmen für die Mahâyâna-Gläubigen die Stelle ein, welche die hinduistischen Gottheiten für die Hindus innehaben, und sie befriedigen so das Bedürfnis nach gläubiger Hingabe und

Verehrung. Die Bodhisattvas zeichnen sich aber gegenüber den Buddhas ganz besonders durch die Eigenschaft des Mitleids aus. Diese Kardinaltugend befähigt sie zur Vollkommenheit des Schenkens *(dânapâramitâ)*, bzw. der Barmherzigkeit oder Spendefreudigkeit. Diese Opferbereitschaft muß bei den Bodhisattvas soweit gehen, daß sie freudig und ohne Bedenken, nach dem Beispiel des Königs Shibi, Teile ihres Körpers oder sogar ihr Leben zum Wohle anderer Lebewesen hingeben. Es ist also die besonders menschliche Fähigkeit des Leidens, das die Bodhisattvas auszeichnet und in den Augen vieler Gläubiger noch über die Buddhas erhebt. Das Bodhisattva-Ideal des Mahâyâna läßt sich daher nicht nur, wie auch die Vergöttlichung des Buddha, als Reaktion und Gegenbewegung auf den frühbuddhistischen Antitheismus deuten. Es ist auch die Antwort auf die urbuddhistische Ablehnung der Askese als Mittel zur Erlösung. Das Leiden wird wiederentdeckt, wiederaufgegriffen, wenn auch mit einer wichtigen Änderung der Zielrichtung. Es dient nicht als Mittel zur eigenen Erlösung, sondern es ist Instrument der Fremderlösung. Versucht doch der Bodhisattva, durch sein Mitleid, seine bedingungslose Leidensbereitschaft wie auch durch die klaglose Erduldung selbst unmenschlichster Folter, noch vor seiner eigenen Erlösung allen anderen Wesen zum Nirvâna zu verhelfen. So schließt sich auch hier der Kreis.

Der Weg des Kultus

Daneben spielt die kultische Verehrung von Buddhas und Bodhisattvas einer große Rolle, auch sie wird zu einem Weg der Erlösung. (Lotossûtra 2, 78-94) An ihr sind Laien und Mönche beteiligt. Die Verehrung von Stûpas, von Reliquien, von Bildern und Statuen der Buddhas und Bodhisattvas, und besonders auch von Manuskripten, Schriftrollen und Büchern der heiligen Schriften gewinnt zunehmend an Bedeutung. Häufig werden solche Manuskripte in Buddhastatuen untergebracht, woran sich der Einfluß der Magie und des Volksglaubens erkennen läßt. Zugrunde liegt dabei der Brauch, Reliquien in Stûpas zu bestatten.

Die Formen des Kults sind weithin vom Hinduismus übernommen: So werden die Statuen der Bodhisattvas, der Buddhas und Heiligen gebadet. Man bringt ihnen Lebensmittel, Kleidung und Schmuck dar, in Ritualen, die begleitet werden von Musik und Gebeten, vor allem auch von Preisliedern, sogenannten Stotras, die – wie auch im Hinduismus – sich zu einer eigenen Literaturgattung formen. Nach hinduistischem Vorbild werden Prozessionen abgehalten, eine Form des Kultus, die auch außerhalb des Mahâyâna anzutreffen ist, wie beispielsweise in Ceylon in Form der dortigen Peraheras. Weltweit bekannt ist die Prozession von Kandy, bei der alljährlich die Zahnreliquie – es soll sich um eine Reliquie des historischen Buddha handeln – auf Elefanten durch die Stadt getragen wird.

All dies ist dem starken Einfluß der Volksfrömmigkeit zu verdanken. Die Laien gewinnen gegenüber den Ordinierten an Einfluß, die Macht der Klöster nimmt ab. Der ideale Bodhisattva ist deshalb auch Laie, und nicht Mönch. Die Wurzeln der Kultpraxis sind in der Literatur der Buddha-Legende zu suchen, vor allem in den Vorgeburtsgeschichten, den Jâtakas. Diese sind eng mit dem Buddha-Kult verbunden, der den Mönchen verboten ist, insofern er mit Tanz, Musik und Gesang oder auch mit Blumenschmuck und Wohlgerüchen zu tun hat. Später dann tun es jedoch die Mönche den Laien nach und wetteifern mit ihnen im Buddha-Kult und gläubiger Hingabe, vergleichbar und auch beeinflußt durch die hinduistische

Frömmigkeit der Bhakti. In dem Kapitel über den ostasiatischen Amida-Buddhismus werden wir uns ausführlicher mit dieser von gläubiger Inbrunst gekennzeichneten Spielart des Buddhismus befassen.

Philosophie des Mahâyâna

Zwischen dem zweiten und dem zehnten Jahrhundert n.Chr. verfaßten buddhistische Philosophen Lehrbücher, sogenannte Shâstras, mit systematischen Begründungen der in den Mahâyânasûtras enthaltenen Lehren. Die Scholastik des Abhidharma, mit der die Entwicklung der Lehre des Kleinen Fahrzeugs ihren Endpunkt erreicht hatte, wird damit abgelöst durch die neuen Philosopheme der „Leerheit" *(shûnyatâ)* und des „Nur-Bewußtseins" *(cittamâtra)*, den beiden Hauptschulen der Philosophie des Großen Fahrzeugs. Die buddhistische Universität von Nâlandâ, die Anfang des fünften Jahrhunderts im Kernland des Buddhismus gegründet wurde, war eine der wichtigsten Stätten, an denen die neuen Philosophien zur Reife gelangten. Sie wurde berühmt durch ihre Lehrer der Philosophie, insbesondere auch der buddhistischen Logik, die dem Mâdhyamika und dem Yogâcâra verpflichtet waren.

Mâdhyamika oder Shûnyatâvâda: die Welt ist leer

Der Begründer der philosophischen Schule des Mâdhyamika (auch Madhyamaka), das heißt der Philosophie, die sich an das hält, was „in der Mitte liegt", ist Nâgârjuna. Nâgârjuna wirkte in Indien um das Jahr 275 n.Chr.; er verstarb etwa sechzigjährig gegen Ende des dritten Jahrhunderts.[36] Er ist der erste bekannte, auf jeden Fall aber einer der bedeutendsten Lehrer der Mahâyâna-Philosophie. Seine Lehre basiert in manchen Zügen, mit manchen ihrer Bausteine auf den Prajñâpâramitâsûtras und dem Lotossûtra. Sie soll ihrerseits zur Grundlage werden für die gesamte Philosophie nicht nur des Buddhismus, sondern auch des Hinduismus, zur Grundlage der klassischen Systeme, die entweder auf ihr aufbauen oder sich an ihr reiben, auf jeden Fall aber sich mit ihr auseinandersetzen müssen.

Nâgârjuna erinnert uns in seinem Vorgehen an die Skepsis, die wir bereits im frühesten Buddhismus fanden. Der Urbuddhismus hatte behauptet, daß eine Seele in all dem, was den Menschen ausmacht, nicht gefunden werden könne. Nâgârjuna nun erweitert diese Skepsis um die philosophische Dimension. Während der Urbuddhismus die Frage nach den letzten Dingen – etwa im Pfeilgleichnis – als erlösungshinderlich und damit als überflüssig empfunden hatte, wendet sich Nâgârjuna genau diesen Seinsfragen mit aller Entschiedenheit zu. Daß der frühe Buddhismus die ontologische Spekulation verachtet und stattdessen konsequent, aber einseitig die Ethik betont hatte, mußte die philosophisch veranlagten Grübler unbefriedigt lassen. Nâgârjuna akzeptiert die Ethik des Buddhismus, und zwar sowohl die individualistische des Hînayâna, als auch die altruistische Bodhisattva-Ethik des Mahâyâna, aber er konstruiert für diese Ethik einen philosophischen Überbau. Wenn der Urbuddhismus seine Erlösungsethik auf einen Mittleren Weg zwischen den Extremen von Lust und Leid gründete, so geht Nâgârjuna jetzt mit seinem Agnostizismus einen Mittelweg zwischen Sein und Nicht-Sein, zwischen Sansâra und Nirvâna. Er bedient sich dabei einer sophistischen Dialektik, insbesondere der Methode der reductio ad absurdum *(doshaprasanga)*, die sich einander bedingende Gegensätze in der Aporie auflöst und als Illusion erweist.

Im Sûtra mit dem Pfeilgleichnis hatte der Buddha grundlegende ontologische Fragen als irrelevant für seine Erlösungsethik zurückgewiesen, philosophische Standpunkte wie: *Die Welt ist ewig; die Welt ist nicht ewig.*

Die Welt hat ein Ende; die Welt hat kein Ende. Die Seele ist identisch mit dem Körper; oder Seele und Körper sind voneinander verschieden. Der Tathâgata ist sterblich; der Tathâgata ist unsterblich; der Tathâgata ist sowohl sterblich als auch unsterblich; der Tathâgata ist weder sterblich noch unsterblich.

Diese Formulierungen greift Nâgârjuna auf, wenn er sagt:

> *Gibt es denn in der Ruhe [in der Nicht-Entfaltung] diese vier: ewig, nicht-ewig usw; [und] gibt es denn in der Ruhe diese vier: Ende, Nicht-Ende usw.? Wer aber hinsichtlich des Tathâgata auf der festen Meinung beharrt „er ist", der muß angesichts des ins Nirvâna eingetretenen [Tathâgata] auch die Vorstellung entwikkeln „er ist nicht". Weil er von seinem Wesen her leer ist, ist niemals der Gedanke zutreffend: „Den Buddha gibt es auch über den Tod hinaus" oder: „es gibt ihn nicht" ... Das Eigensein des Tathâgata ist dasselbe wie das Eigensein dieser Welt der Lebenden; wie [also] der Tathâgata ohne Eigensein ist, so ist auch diese Welt ohne Eigensein.*

In diesen Sätzen ist die grundlegende These Nâgârjunas ausgesprochen, daß kein Ding in der Welt ein „Eigensein" *(svabhâva)* besitze. Diese These ist zu verstehen als Reaktion auf die Scholastik der zeitgenössischen Hînayâna-Schulen der Sarvâstivâdins und der Sautrântikas, und deren Theorien vom Universum als einem Zusammenspiel von Daseinsfaktoren, den sogenannten Dharmas. In dem pluralistischen Realismus dieser Scholastiker besitzen nämlich die unendlich zahlreichen Daseinsfaktoren, trotz der Flüchtigkeit ihres In-die-Erscheinung-Tretens, ein „Eigensein", und sie bedingen sich gegenseitig. In dieser hînayânistischen These sieht Nâgârjuna nun einen Widerspruch: Ein Ding, das Eigensein besitzt, das also aus sich selbst heraus Bestand hat, kann nicht zugleich auch durch etwas anderes bedingt sein. Deshalb beginnt er sein philosophisches Hauptwerk mit der Widerlegung der hînayânistischen Dharmatheorie. Dieses Hauptwerk sind die Mûlamadhyamakakârikâs, „die Lehrstrophen über die grundlegenden (Lehren) des Mittleren (Weges)“, die 447 Verse in 27 Kapiteln ausmachen.[37]

Der Urbuddhismus hatte in der Frage nach der Existenz einer ewigen, unvergänglichen Seele eine skeptische Position bezogen. Nâgârjuna vertritt in der Frage nach der Erstursache ebenfalls einen philosophischen Agnostizismus. Er beginnt seine grundlegenden Lehrstrophen nämlich mit dem Satz:

Nirgends und niemals findet man Dinge, entstanden
– aus sich
– aus anderem
– aus sich und anderem zusammen
– ohne Grund (d.i. weder aus sich noch aus anderem).

Und wenn ihm daraufhin seine hînayânistischen Gegner den buddhistischen Grundsatz vom Entstehen in Abhängigkeit entgegenhalten, so antwortet er ihnen (MMK 1.3), daß es Bedingtheit gar nicht geben kann. Bedingtes hat nämlich kein Eigensein, es existiert nicht aus sich selbst heraus, eben weil es durch etwas anderes bedingt ist. Wenn es aber kein Eigensein gibt, dann kann es auch kein Anderssein geben. Und deshalb kann auch die Frage nach der Erstursache nicht beantwortet werden:

> *Wenn sich weder ein existierender, noch ein nicht existierender, noch ein zugleich existierender Dharma entfaltet, welcher Bedeutung könnte dann aber, bei dieser Sachlage, ein Grund (hetu) haben, der ihn entfaltet.* (1.7)
> *Wenn Dharmas nicht entstanden sind, ist [auch deren] Vernichtung nicht möglich. Deswegen trifft die Bedingung eines unmittelbar Vorausgehenden nicht zu. Und*

welche Bedingung könnte in etwas Vernichtetem liegen? (1.9)
Eine Frucht (d.h. Wirkung) besteht aus Bedingungen; die Bedingungen aber bestehen nicht aus sich selbst. Wie sollte eine Frucht wohl aus Bedingungen bestehen, die [ihrerseits] nicht aus sich selbst bestehen? Deshalb besteht eine Frucht weder aus Bedingungen noch aus Nicht-Bedingungen. Gibt es aber keine Frucht, wo findet man denn dann Bedingungen und Nicht-Bedingungen? (1.13-14)

Wenn seinerzeit der Urbuddhismus gelehrt hatte: „Alle Dharmas, die entstehen, müssen auch vergehen",[38] – eine Einsicht, die bei dem Mönch Kondañña, als er die Predigt von Benares gehört hatte, als erstem Mönch des Buddha die erlösende Erkenntnis bewirkte – so behauptet Nâgârjuna nun:

So wie für alle Dharmas unmöglich ist, daß sie entstehen, so ist es auch nicht möglich, daß sie vergehen. (MMK 7.29)
Vergehen gibt es weder ohne Entstehen noch mit Entstehen, und Entstehen gibt es nicht ohne Vergehen und nicht mit Vergehen. (21.1)

Nâgârjuna gelangt so zu seiner „Mittleren Lehre", zu einem ontologischen Standpunkt, der in der Mitte zwischen Sein und Nicht-Sein liegt, indem er nämlich sowohl Sein also auch Nicht-Sein leugnet:

Und wenn sich nichts Seiendes findet, könnte es da Nicht-Seiendes für jemanden geben?. Wer erkennt [wohl noch] Seiendes und Nicht-Seiendes, wenn er sich von den Begriffen ‚seiend' und ‚nicht-seiend' getrennt hat? (5.6)
Wenn nun keiner gefunden wird, der früher als [die Sinnestätigkeiten] Sehen usw. oder gleichzeitig [mit ihnen] oder später [als sie] existiert, dann lösen sich

solche Vorstellungen wie, „er existiert, er existiert nicht“, auf. (9.12)

Für die buddhistische Erlösungslehre hat dies zur Folge, daß auch Sansâra und Nirvâna nicht zu unterscheiden sind:

Wenn Nirvâna nicht zu erreichen und Sansâra nicht aufzuheben ist, wie unterscheidet man dann noch hier Sansâra, dort Nirvâna? (16.10)
Es gibt nichts, was den Sansâra vom Nirvâna, und das Nirvâna vom Sansâra unterscheidet. Die Grenze des Nirvâna ist zugleich die Grenze des Sansâra. Zwischen diesen beiden wird auch nicht der geringste Unterschied gefunden. (25.19-20)

Nâgârjuna ersetzt den Begriff „Eigensein“, den er mit dem bisher Gesagten als unsinnig erwiesen hat, durch den Begriff der „Leerheit“ *(shûnyatâ)*:

[Alle] Dinge sind ohne Eigensein, weil man an ihnen Wesensveränderung sieht. Aufgrund der Leerheit [aller] Dinge gibt es [allerdings] kein Ding ohne Eigensein. (13.3)
Was leer ist, kann unmöglich entstehen und vergehen. Was nicht leer ist, kann [ebenso] unmöglich entstehen und vergehen. (21.9)

Die Leerheit der Welt wird für Nâgârjuna zum zentralen Satz seiner Philosophie, weshalb man die Madhyamaka-Lehre auch als „Lehre von der Leerheit“, als Shûnyatâvâda, bezeichnet. Nâgârjuna definiert die Leerheit als nichtdualistisch. Sie liegt in der philosophischen Mitte zwischen den Gegensätzen von Sansâra und Nirvâna, zwischen Sein und Nichtsein. Die „tiefe Realität“ (*gambhîra tattva* MMK 24.9) kann deshalb auch kein Objekt eines erkennenden Subjekts sein, sondern ihr Erkennen realisiert sich in der Nicht-Zweiheit *(a-dvaya)*. Das Subjekt ist genauso leer wie das Objekt: Beide treffen sich also in ihrer kennzeichenlosen Leerheit, ihrer Substantialitätslosigkeit.

Der Mahâyâna-Philosoph greift damit einen Begriff auf, der sich bereits im Sûtra-Teil des Hînayâna-Kanons findet. Schon der kanonische Hînayâna-Buddhismus bezeichnete die Daseinsfaktoren, die Dharmas, aus denen sich die fünf „Gruppen des Ergreifens“, der Mensch also, zusammensetzen, als „nicht-ewig, leidvoll, krankhaft, ein Geschwür, einen stechenden Pfeil, ein Übel, einen Schmerz, als widerwärtig, verwesend, *leer*, ohne Selbst“ (Majjhimanikâya I, S. 435[33-35], s. auch ebd. III, S. 104ff., Samyuttanikâya IV, S. 54, 296). Man sieht aber aus diesem Zitat, daß die Bezeichnung „leer“ dort noch im landläufigen, übertragenen Sinne gebraucht ist; sie meint soviel wie „eitel“ oder „nichtig“ und birgt noch keine philosophische Bedeutung. Dennoch muß man in dieser und anderen Stellen der Hînayâna-Kanons die Ansatz- und Ausgangspunkte für Nâgârjunas Philosophie sehen. Nâgarjuna fühlte sich auch durch diese Hînayânalehren legitimiert und berief sich ausdrücklich auf sie. Er sah sich also selber weniger als Neuinterpret, sondern eher als Weiterentwickler der buddhistischen Lehren. Seinen Anspruch, buddhistische Lehre zu verkünden, behauptet Nâgârjuna etwa in dem Satz:

> *Das Entstehen in gegenseitiger Abhängigkeit (pratîtya-samutpâda), dies ist es, was wir ‚Leerheit‘ nennen. Das ist [aber nur] ein abhängiger Begriff; gerade sie (die Leerheit) bildet den mittleren Weg.* (24.18)

Die buddhistische Lehre kann nur dann bestehen, wenn sie sich auf die Leerheit gründet (MMK 24,20-39). So wird die Leerheit zur Bedingung für die Erlösung:

> *Das Erlangen von etwas, das [noch] nicht erlangt ist, die Beendigung des Leides und das Aufgeben aller Anhaftungen [ist nur möglich], wenn alles leer ist.* (24.39)

Aber:

Die falsch aufgefaßte Leerheit richtet den, der von schwacher Einsicht ist, zugrunde – wie eine schlecht ergriffene Schlange oder falsch angewandte Magie. Und deshalb hatte Buddha, der Asket, [anfänglich] noch gezögert, den Dharma zu verkünden, wohl ahnend, daß es den geistig Schwachen kaum gelingen würde, in den Dharma vollständig einzudringen. (24.11-12)

Nâgârjuna unterscheidet deshalb zwischen zwei Wahrheiten, einer niederen und einer höchsten; Die niedere, relative, konventionelle Wahrheit ist das Mittel zur Erlangung der höchsten Wahrheit.

Bei der Verkündigung des Dharma haben sich die Buddhas auf die zwei Wahrheiten gestützt: Die eine ist die weltliche, ‚verhüllte Wahrheit' (samvriti-satya), die andere ist die ‚Wahrheit im höchsten Sinne' (paramârtha-satya). Diejenigen, die den Unterschied der beiden Wahrheiten nicht erkennen, die erkennen auch nicht die tiefe Wahrheit (tattva) in der Lehre Buddhas. (24.8-9)

Doch Nâgârjunas Philosophie hat auch eine erlösungsreligiöse Dimension. Letztes Ziel bleibt die Beendigung der Wiedergeburt, das Nirvâna, was die Erlangung der Buddhaschaft bedeutet. Deshalb verbindet sich mit der höchsten Wahrheit auch der Heils- und Erlösungsanspruch Nâgârjunas:

Ohne zur Wahrheit im höchsten Sinne vorgestoßen zu sein, wird Nirvâna nicht erlangt. (24.10c,d)

Solange er noch nicht zum letzten Ziel, zur höchsten Wahrheit durchgestoßen ist, bleiben für den nicht-erlösten, dem Sansâra verhafteten Weltling die Gesetze der „verhüllten Wahrheit" in Kraft – doch nur scheinbar, denn vom Standpunkt der höchsten Wahrheit handelt es sich bei allen aus Verblendung wahrgenommenen Daseinsphänomenen um bloße Illusion, um einen Zaubertrug, um Mâyâ:

Für dich mag gelten, daß Entstehen und Vergehen [doch] gesehen werden. Man sieht Entstehen und Vergehen [jedoch] nur aus Verblendung. (21.11)
Wie Zauber (mâyâ), wie Traum, wie eine Fata Morgana werden Entstehen, Bestehen und Vergehen aufgefaßt. (7.34)
Gestalt, Laut, Geschmack, Berührung, Geruch und Begriffe sind jedoch [von den Dingen] losgelöst (kevala), sind nur Fata Morgana, Luftspiegelung, Traumgebilde. (23.8)
Woraus sollte dann auch das Reine und Unreine entstehen, wenn diese [sechs Bereiche] einem durch magische Kraft (mâyâ) geschaffenen Menschen oder einer Spiegelung gleichen? (23.9)
Anhaftungen, Taten, Körper, Täter und Früchte: Sie erscheinen als Fata Morgana, als Luftspiegelung, als Traumgebilde. (17.33)

Es wäre falsch, Nâgârjunas Philosophie mit Nihilismus *(nâstikavâda)* zu verwechseln; schließlich erkennt sie eine „höchste Wahrheit" an, eben die Leerheit. Nâgârjunas Agnostizismus führt aber folgerichtig zu einem universalen Relativismus, der in der Mitte zwischen allen absoluten Standpunkten verbleibt:

Wenn sich gar keine Auffassung findet, nicht ‚falsch' noch ‚richtig', wer könnte dann irren, wer könnte nicht irren? (23.16)

Die Relativität aller Positionen gilt aber auch für die Leerheit; so führt Nâgârjunas Methode der sich gegenseitig ausschließenden Extreme zwangsläufig in die Absurdität. Der Philosoph gelangt zu dem Schluß, daß die Leere sich selbst aufhebt:

Wenn es etwas Nicht-Leeres gäbe, könnte auch etwas Leeres existieren. Etwas Nicht-Leeres gibt es aber nicht, woher sollte also etwas Leeres kommen? (13.7)

Die Vorstellung von der Leerheit ist nur ein Hilfsmittel, das man nach der Erkenntnis der Leerheit aufgibt: wie ein Floß[39], das man zurückläßt, wenn man über den Fluß gesetzt hat, oder wie eine Medizin nach der Genesung. Im Schlußsatz seines Hauptwerkes hebt deshalb Nâgârjuna seine Philosophie selbst wieder auf, die Realisierung der Leerheit der Welt entleert selbst den Buddhismus. Wer die Leerheit realisiert hat, für den ist auch der Buddhismus überflüssig geworden.

Heilvoll ist die Beruhigung aller Wahrnehmung, die Beruhigung der Entfaltung. Nirgendwo wurde irgendeinem durch den Buddha irgendein Dharma gelehrt. (25.24)

Yogâcâra oder Vijñânavâda: die Welt ist nur Bewußtsein

Asaṅga, Schüler eines gewissen Maitreyanâtha, gilt als der Begründer des Yogâcâra, der „Yoga-Lehre" der Mahâyâna-Philosophie. Die Anfänge dieser Lehre liegen im fünften oder schon im vierten Jahrhundert n.Chr., je nach der Datierung Asangas. Asanga übernimmt Elemente der Scholastik des Abhidharma; auch ist das Lankâvatârasûtra, ein Mahâyânasûtra, dem Yogâcâra nahe verwandt. Von Asanga verfaßt, aber noch von seinem Lehrer Maitreyanâtha inspiriert, ist das Yogâcârabhûmishâstra, ein Sammelwerk, das die Zusammenfassung der Yogâcâralehren enthält. Wichtige Werke Asangas sind außerdem der Mahâyânasûtrâlankâra und der Mahâyânasangraha. In methodischer Hinsicht löst sich Asanga von dem Agnostizismus des Mâdhyamika, der, wie wir sahen, mit seinem mittleren Weg es vermied, sich auf irgendwelche Standpunkte festzulegen, und der durch seine Reduktion aufs Absurde sogar Sein und Nicht-Sein ebenso wie Sansâra und Nirvâna leugnete. Asanga wendet demgegenüber eine positive Methode an, die es ihm erlaubt, einen konsequenten Monismus zu vertreten, einen Monismus, der das Bewußtsein zum Absoluten erhebt.

Bereits im Hînayâna, das die Erscheinungswelt zwar für unbeständig, leidvoll und ohne Selbst, aber doch für real hält, finden sich vereinzelt Ansätze zu der Anschauung, welche die Welt als Bewußtsein erklärt. So lesen wir beispielsweise am Ende des Kaivartasûtra (DÂ 102c14-19 ≠ DN I 223^{7-17}) in einer Rätselstrophe, daß die vier Elemente, ja alle Begriffe und Formen letztlich vom Bewußtsein *(vijñâna)* abhingen:

Wo existieren nicht die vier Elemente, wohin verschwinden Erde, Wasser, Feuer und Wind?

Wo existieren nicht Grob und Fein, Lang und Kurz, Schön und Häßlich?

Wo existieren nicht Name und Form, wohin verschwinden sie restlos?

Die Antwort muß lauten: Das Bewußtsein (vijñâna) – formlos, außerordentlich, aus sich selbst strahlend –,

wenn das schwindet, dann schwinden die vier Elemente, und Grob und Fein, Schön und Häßlich schwinden.

In das (Bewußtsein) verschwinden Name und Form. Wenn das Bewußtsein schwindet, schwindet auch das Übrige.

Eine ganz ähnliche Anschauung kommt am Beginn des Dhammapada zum Ausdruck, dem ersten Werk der buddhistischen Mönchsdichtung:

Den Daseinsfaktoren geht der Geist voran, Geist nimmt unter ihnen die erste Stelle ein, sie bestehen aus Geist ...

Die Anschauung, daß die Welt abhängig sei vom Bewußtsein *(vijñâna)* oder Geist *(citta-mâtra)*, wurde vom philosophischen System des Yogâcâra voll entwickelt.

Das Yogâcâra wird auch Vijñânavâda, die „Bewußtseinslehre", genannt. Während also der Name Yogâcâra, die „Yoga-Lehre", mehr den praktischen Teil dieses Systems betont, meint die Bezeichnung „Bewußtseinslehre" die theoretisch-denkerische Grundlage, aus der die Praxis folgt.

Die Denkrichtung des Vijñânavâda nähert sich am meisten dem, was in der abendländischen Philosophie als Solipsismus bezeichnet wird, also dem extrem idealistischen Standpunkt, der die gesamte Welt als nicht real existierend, sondern nur als ein Produkt oder eine Funktion des Denkens erklärt. Vom Standpunkt des Materialismus aus, der den Geist wiederum nur als eine Funktion der Materie, nämlich des Gehirns, auffaßt, muß der konsequente Solipsist zu einem klinischen Fall erklärt werden, eine Einschätzung, die im übrigen selbst von dem Idealisten Schopenhauer – „die Welt ist für mich Vorstellung" – geteilt wurde. Der konsequent subjektive Solipsist nämlich muß zu der Auffassung gelangen, daß das gesamte Universum nur ein Phantasieprodukt seines Gehirns ist und daß deswegen außer ihm selbst nichts und niemand existiert. Die gemäßigtere Auffassung objektiviert den Geist dagegen und erhebt ihn zu einem Absoluten, das auch unabhängig vom Einzelhirn Bestand hat.

Der Vijñânavâda lehrt[40], daß alle Daseinsfaktoren nur Objekte der Erkenntnis sind, abhängig von der Erkenntnis und unabhängig vom Bewußtsein ohne Realität. Deshalb handelt es sich bei diesen Daseinsfaktoren, den Dharmas, um geistige Phänomene. Die Welt ist Vorstellung *(vijñapti)* und „Nur-Denken" *(citta-mâtra)*.

Durch seine Seelenskepsis hatte der Buddhismus von Anfang an ein besonderes Problem zu lösen. Dieses Problem besteht darin, wie ohne eine Seele als Zwischenträger des Karma der Zusammenhang zwischen zwei Individuen hergestellt werden kann, von denen eins von den Taten des anderen abhängt. Diese Schwierigkeit erklärt das Vijñânavâda durch die Theorie von einem sogenannten „Speicherbewußtsein“[41]: Die Phänomene des Daseins lassen in diesem unterbewußten Speicherbewußtsein Keime zurück, die zur Ursache neuer Phänomene werden. Das Speicherbewußtsein ordnet die Welt der geistigen Phänomene, und deswegen wirkt die universale Illusion so realistisch. Dabei trägt dieses Speicherbewußtsein einen anderen Charakter als der Âtman, den der Urbuddhismus abgelehnt hatte. Das Speicherbewußtsein hat man sich nämlich nicht als etwas Statisches vorzustellen, sondern als einen dahinfließenden Strom von sich ständig erneuernden Dharmas. Dieser „Bewußtseinsstrom“ hat aber mit dem Âtman-Begriff gemeinsam, daß er nach dem Tode weiterbesteht: Er ist es, der zum Bindeglied zwischen den Wiedergeburten wird.

Für Asanga ist das Bewußtsein das Absolute im Sinne der höchsten Wahrheit. Wie bei Nâgârjuna hat diese letzte Realität weder Sein noch Nicht-Sein und ist gekennzeichnet durch die Nicht-Zweiheit. Dementsprechend ist alles andere, nämlich alles das, was durch Abhängigkeit entstanden ist, als Illusion aufzufassen. Diese Illusion ist einer Augenkrankheit vergleichbar, bei der man Fäden im Gesichtsfeld schwimmen sieht, die in Wahrheit nicht vorhanden sind. Das Absolute hingegen, die Nicht-Zweiheit, „hat nur einen Geschmack“ *(eka-rasa)*. Diese letzte Quintessenz heißt auch das So-Sein *(tathatâ)*. Dieses So-Sein ist kennzeichenlos und, wie im Shûnyatâvâda des Mâdhyamika, „leer“, so leer wie der Raum.

Weitere führende Yogâcâra-Lehrer sind Vasubandhu, ein Bruder des Asanga, und Dignâga (geb. Ende des 5. Jahrhunderts), ein erfolgreicher Lehrer an der am Anfang dieses Kapitels erwähnten buddhistischen Universität von Nâlandâ. Dignâga steigert den Idealismus Asangas noch. Er gilt als der eigentliche Begründer der Logik des Mahâyâna und damit der mittelalterlichen indischen Logik überhaupt.

Buddhismus in Japan

Zen – Buddha in der Banalität des Alltäglichen

Der Zen-Buddhismus[42] entstand im sechsten Jahrhundert n.Chr. in Südchina. Bodhidharma (traditionelles Todesjahr 532) gilt als der erste Patriarch der Zen-Tradition in China. Im Jahre 552 gelangte der Buddhismus nach Japan. Ein Jahrhundert später gründete der buddhistische Mönch Dôshô (598-670) in Nara die erste japanische Zen-Meditationshalle. In der Folge entwickelt sich eine Vielzahl verschiedener Zen-Schulen. Den modernen japanischen Zen baute dann Hakuin (1685-1768) durch Erneuerung der Rinzai-Schule auf. Er war es, der das für den Zen-Buddhismus so eigentümliche Kôan, ein Rätsel, das die Dualität im überraschenden Paradox auflöst, als Methode und Erlösungsweg zur Reife brachte.

Auch der Zen-Buddhismus – wie bereits das Mahâyâna – beansprucht für sich eine direkte und ununterbrochene Traditionslinie, die bis auf den Stifter zurückreichen soll. Und in der Tat erkennen wir in dieser Schule manche Züge wieder, die bereits den oppositionellen Charakter des Urbuddhismus ausmachten – wenn auch in gewandelter Form und angereichert mit neuen Elementen. Trotz der Rückbesinnung auf Standpunkte des Hînayâna bleibt das mahâyânistische System des Mâdhyamika die philosophische Grundlage der indischen Seite des Zen-Buddhismus. Da die Zen-Schule aber in China entstand, kann es nicht überraschen, daß sie auch ganz unverkennbar Lehren des Taoismus in sich aufgenommen hat. Überhaupt ist der Erfolg des Buddhismus in China zu einem wichtigen Teil durch die Ähnlichkeit der Philosophie des Mahâyâna mit taoistischem Gedankengut zu erklären.

Der Zen-Buddhismus ist demnach in religionshistorischer Betrachtung charakterisiert durch drei Aspekte, nämlich erstens durch den Rückgriff auf Elemente des Urbuddhismus, zweitens durch die Philosophie der Leerheit des Nâgârjuna und der von ihm begründeten Mâdhyamika-Schule und drittens durch die der Mahâyâna-Philosophie in mancherlei Hinsicht ähnliche Mystik des Taoismus. Er hat diese Elemente freilich in einer durchaus eigenständigen Synthese zu einem neuartigen, unverwechselbaren Erlösungsweg weiterentwickelt, eben dem Weg, der in der Weltsicht des Zen besteht. Wir werden die genannten drei Aspekte in der folgenden Darstellung immer wieder aufgreifen.

Die Besinnung des Zen-Buddhismus auf Elemente des Urbuddhismus ist in mancherlei Hinsicht als Reaktion wiederum auf das Mahâyâna zu verstehen. Zen hält zwar an dem philosophischen Überbau des Mahâyâna fest, insbesondere an den Philosophemen der Nicht-Dualität, der Leerheit, der Illusion und den beiden Ebenen der niederen, verhüllten Wahrheit und der höchsten Wahrheit. Er wendet sich aber ab von dem Theismus, den Jenseits- und Paradiesvorstellungen und dem hingebungsvollen Kult, die vor allem im Amidismus größte Bedeutung erlangten. Auch das Prinzip der Gnade, der Fremderlösung durch Karma-Übertragung, das im Bodhisattva-Weg zur Erlösung ausschlaggebend wurde, findet sich im Zen-Buddhismus überhaupt nicht mehr.

Rückgriff auf den Urbuddhismus. Im folgenden seien zunächst die wichtigsten Punkte hervorgehoben, in denen der Zen-Buddhismus zurückgreift auf die meist oppositionellen Lehren des Urbuddhismus.

Obwohl der geistliche Lehrer von seinen Schülern mit größter Ehrerbietung, ja Verehrung behandelt wird, so lehnt der Zen-Buddhismus doch letztlich jegliche Autorität ab. Der Lehrer weist nur den Weg, und der Schüler muß von ihm unabhängig werden. Erinnern wir uns noch einmal an das „Vermächtnis" des Buddha mit der zweifachen Forderung, die Mönche sollten nach seinem Tode sich selbst und den Dharma als Leuchte und Zuflucht haben und nichts sonst; und vergleichen wir dieses Vermächtnis mit der Feststellung eines Zen-Meisters: „Werdet erleuchtet durch euch selbst, wenn ihr wollt! Gibt es irgend etwas zu erfassen, so erfaßt es durch euch selber!" (zitiert nach Suzuki, S. 48) Hier schwingt das taoistische Paradox noch mit: *„Wer es ergreifen will, verliert es."* (Dào-dé-jīng, ca. 3. Jahrh. v.Chr.?, das „Buch vom WEG und der Tugend", Kap. 29, von nun an abgekürzt Lao) D.T. Suzuki, einer der bekanntesten Buddhisten der Neuzeit, drückt es ähnlich aus: „Was immer für Lehren es im Zen gibt, sie kommen aus dem eigenen Inneren jedes einzelnen. Wir sind selbst unsere Lehrer; Zen weist nur den Weg." (S. 36). Zen solle verwirklicht werden „ohne irgendwelche Zuflucht zu einer Lehre, sondern durch schlichtes und unmittelbares Festhalten an der Wahrheit, die in unserem innersten Wesen ruht." (Ders., S. 44)

Die Ablehnung von Autorität begründet der Zen-Buddhismus nun jedoch, abweichend vom frühesten Buddhismus, philosophisch mit der „Leerheit" der Welt und des Menschen, der Leerheit, die zusammenhängt mit der Nicht-Dualität der höchsten Wahrheit im Sinne von Nâgârjunas Mûlamadhyamakakârikâs.

Wir sehen in dieser Verwerfung der Autorität aber auch eine Parallele zum frühbuddhistischen Antiklerikalismus, der Opposition nämlich des Urbuddhismus gegen den im Ritualismus erstarrten brahmanischen Klerus. Wie der Urbuddhismus jeglichen Standesdünkel als für die Erlösung hinderlich verwarf, so sucht nun der Zen-Buddhismus, über ein Jahrtausend später, das Heil fern aller gesellschaftlichen Konvention. Er begegnet jeglicher Regel und Gewohnheit mit überraschenden Ausweichmanövern, mit unkonventionellen Wendungen, mit der unerwarteten Umkehrung ins Paradoxe.

Der alte Buddhismus hatte den magischen Ritualismus der Brahmanen durch Ethisierung überwunden. Auch der Zen-Buddhismus lehnt Magie, Ritual, Zauberformeln, Geisterbannung ab und sucht stattdessen sein Heil im erlösungswirksamen Handeln. Grundlage seiner Erlösungsethik ist dabei ebenfalls eine strenge geistliche Disziplin.

In Reaktion ferner auf die Vergöttlichung des Buddha im Mahâyâna mit seiner Lehre von den drei Körpern des Buddha, dem absoluten, den transzendenten und den körperlichen, im Gegensatz auch zur Deifizierung einzelner Bodhisattvas und der Verehrung zahlloser Nothelfer in Angst und Gefahr, greift nun der Zen-Buddhismus wieder zurück auf den ursprünglichen Antitheismus. Götter, Hilfsgeister und Dämonen spielen auf seinem Weg keine Rolle. Allenfalls sind sie auf der Ebene der niederen Wahrheit als Ausgeburt der kosmischen Illusion zu erklären.

Mit den Göttern verschwinden auch die Paradiese der vergöttlichten Buddhas und Bodhisattvas, die jenseitigen Himmelswelten, in denen die Gläubigen wiedergeboren werden wollen, um dort einer leichten Gnadenerlösung teilhaftig werden zu können, wie etwa in Amitâbhas Sukhâvatî. Das Zen kehrt damit zur hînayânistischen Selbsterlösung zurück. Doch bleibt die Tatsache bestehen, daß die vorbereitende, wegweisende Hilfe eines Meisters eine wichtige Rolle für den Schüler spielt. Das Erleuchtungserlebnis, Satori genannt, muß aber dann schließlich jeder selbst für sich allein verwirklichen, ohne die Hilfe des Meisters, und aus eigener Erfahrung realisieren.

Auch teilt das Zen die ursprüngliche Ablehnung der Askese, die ja zum Teil durch die maßlose Steigerung des Leidens im mahâyânistischen Bodhisattvayâna doch noch zur Geltung gekommen war. Der Zen-Buddhismus dagegen will „keine Abtötung der menschlichen Natur zum Zweck ihrer Unterjochung“ (Ebd., S. 61).

„Gleichmut“ ist das Ideal sowohl des frühesten Buddhismus – dort soll Gleichmut bereits in der Predigt von Benares den „Durst“ ersetzen – wie auch des Taoismus: *„Der Weise bleibt gelassen und steht darüber.“* (Lao 26) Der Zen-Meister fordert seinerseits seinen Schüler auf: „Laß dein Gemüt ohne Regungen sein, sei völlig gelassen gegenüber der Außenwelt. Allezeit in solcher Leerheit und Stille zu verharren ist der Weg zur Vereinigung mit dem Buddha.“ (Ebd., S. 48)

Und ein letzter wichtiger Standpunkt sei genannt, mit dem der Zen-Buddhismus sich wieder auf die Position des Hînayâna konzentriert. Er erkennt weder eine Person noch eine Seele an. Der Mönch Nâgasena hatte dem Griechenkönig Menander mit dem Gleichnis vom Wagen verdeutlicht, daß nur durch das Zusammenwirken der Einzelbestandteile der landläufige Eindruck einer Person besteht, daß sich dahinter aber kein beständiger Wesenskern, kein selbständiges Individuum und noch weniger eine Seele, verbirgt. An diesen agnostischen Standpunkt der buddhistischen Anthropologie fühlen wir uns erinnert, wenn die Chroniken des Zen-Buddhismus lehrhafte Anekdoten überliefern wie etwa die folgende. Als der Adept Nangaku den sechsten Patriarchen des chinesischen Zen-Buddhismus aufsucht, um von ihm Belehrung zu erlangen, fragt ihn der Meister bei seiner Ankunft: „Was ist das, was da auf mich zukommt?“ Und Nangaku muß gestehen, daß er darauf keine Antwort weiß. (Ebd., S. 76)

Einflüsse der Philosophie der Leere. Nâgârjuna hatte seine „Grundlegenden Lehrstrophen über den Mittleren Weg“, die Mûlamadhyamakakârikâs, mit dem Satz beendet: *„Nirgendwo wurde irgendeinem durch den Buddha irgendein Dharma gelehrt“.* Der Zen-Meister Yengo (1566-1642) greift diesen Satz auf, wenn er sagt: „Niemals ist ein Buddha je auf Erden erschienen, noch gibt es irgend etwas wie eine heilige Lehre. Bodhidharma, der erste Patriarch des Zen, ist nie nach dem Osten gekommen, noch hat er jemals eine geistige Geheimlehre vermittelt.“ (vgl. Ebd., S. 54) Und gleich im folgenden zitiert er andererseits den Grundtext des Taoismus: *„Man betrachtet es und sieht es nicht … man hört es und hört es nicht …“* (Lao 14) Bei Yengo lautet das so: „Wir sehen es, und doch ist es unsichtbar. Wir hören es, und doch ist es nicht zu hören.“ Wenn im Taoismus das Tao, der WEG, gemeint war, so beschreibt Yengo jetzt mit denselben Worten das Zen, und er fährt fort: „Wir sprechen darüber, und doch ist es unaussprechbar. Wir wissen es, und doch ist es nicht zu erkennen.“ Ebenso heißt es im Dào-dé-jīng: *„Wenn Namen genannt werden können, sind sie nicht der ewige Name … Es kann nicht benannt werden … Ich kenne seinen Namen nicht.“* (Lao 1, 14, 25) *„Der WEG ist ewig und namenlos.“* (Lao 32) Auch im Zen soll man „sich tief in den Abgrund des ‚Namenlosen‘ hineinstürzen.“ (Ebd., S. 61)

In ähnlicher Gedankenführung behauptete einmal ein anderer Zen-Meister im Gespräch mit einem Philosophen, daß er keine Zunge habe. *Der Philosoph rief aus: „Wie kannst du mir eine solche Lüge ins Gesicht sagen?“*

Wenn ich keine Zunge habe, um andere zu unterweisen, wie wäre es mir möglich, eine Lüge auszusprechen?“ Worauf der Philosoph verzweifelt zugab: „Ich kann Eurer Rede nicht folgen!“ – „Ich verstehe mich selbst ebensowenig“, schloß der Zen-Meister. (Ebd., S. 56).

Die Philosophie der Leerheit und des Mittleren Weges fordert das philosophischen Axiom der *Nicht-Zweiheit*. Und ebenso ist auch das Zen nicht-dualistisch. So lehrte der Zen-Meister Yengo: „Ich sage ‚ja‘, und da ist nichts, worauf sich diese Bejahung bezieht; ich sage ‚nein‘, und da ist nichts, worauf sich diese Verneinung bezieht. Ich stehe über ‚ja‘ und ‚nein‘ …“ (Ebd., S. 55). „Bringe die Zweiheit von Subjekt und Objekt zum Schweigen“ (Ebd., S. 45).

Aus der Auflösung der Gegensätze hatte bereits Nâgârjuna gefolgert, daß es das Nirvâna genausowenig geben könne wie den Sansâra. Diese Philosophie wirkt weiter in Aussprüchen der Zen-Tradition wie etwa dem folgenden: „Die unbefleckten Yogis gehen nicht ins Nirvâna ein, und die Mönche, die eine Vorschrift verletzen, kommen nicht in die Hölle." (Ebd., S. 38)

In Übereinstimmung mit der Philosophie Nâgârjunas hat das Zen deshalb auch keine festen Lehrmeinungen, es fordert „weder Leugnung noch Bejahung" (Ebd., S. 37). Es steht jenseits aller Begriffe, lehnt alle Begrifflichkeit ab. Die Tradition des Zen-Buddhismus hat zwar eine umfangreiche Literatur hervorgebracht, wie zum Beispiel Chroniken seiner Geschichte oder Sammlungen von Kôans. Die Lehrer des Zen-Buddhismus sprechen diesen Schriften jedoch keine absolute Gültigkeit zu. Der Zen-Buddhismus kennt also keine dogmatischen Lehrsätze oder positiv formulierte Glaubensstandpunkte. „Im Zen gibt es nichts, was durch Worte zu erklären wäre, nichts von der Art einer heiligen Lehre." (Ebd.: *Befreiung*, 1975, S. 48) Die Verachtung von Klugheit und Wissen, nicht nur von akademischer Büchergelehrsamkeit, sondern von feststehenden Formulierungen und festen Sätzen überhaupt, hat seine Wurzeln nicht zuletzt auch im Taoismus. So lesen wir bereits im Dào-dé-jīng: *„Wenn Klugheit und Wissen hervortreten, dann gibt es große Falschheit."* (Lao 18)

Zweiheit und Logik sind sinnvoll auf einer niederen Ebene, also auf der aus der Philosophie des Mittleren Weges bekannten Ebene der niederen, der verhüllten Wahrheit. Aber auch das Zen strebt eine Weltsicht vom Standpunkt der höheren Wahrheit an. Die Verneinung der Gegensätze führt durch eine höhere Synthese zu einer absoluten Bejahung, „zu einer höheren oder unbedingten Bejahung, einer Bejahung inmitten von Verneinungen." (Ebd., S. 51, 56, vor allem 66ff.) Die Weltsicht des Zen versteht sich also als absolute Bejahung jenseits der Gegensätze. Das Zen beansprucht eine höhere Art von Gültigkeit, die keine Gegenbehauptungen mehr zuläßt. „Wenn alle Dinge auf die Einheit zurückgeführt sind, worauf wäre dann dieses Eine zurückzuführen?" (Ebd., S. 39).

Die Folgerung ist das Schweigen des Mystikers. Ein Zen-Meister forderte: Laß Moos wachsen auf deinem Munde! (45) Ein anderes Bild der an anschaulichen Vergleichen so reichen Zen-Tradition malt dieses Schweigen in Gestalt eines Mönchs, der sich mit den Zähnen in einen Zweig verbissen hat, sich nirgends mit seinen Händen festhalten kann und der in dieser verzweifelten Lage nach dem Sinn der buddhistischen Lehre gefragt wird. Das Schweigen als geeigneter Ausdruck für die höhere Wahrheit ist bereits aus dem Mahâyâna bekannt, wenn etwa Vimalakîrti in dem „Lehrtext mit der Unterweisung des Vimalakîrti" als Antwort auf die Frage nach der Nicht-Zweiheit in Schweigen verharrt. Aber auch der Taoismus erhebt dieselbe Forderung: *„Der Weise übt die Belehrung ohne Worte."* (Lao 2) *„Wer viel redet, scheitert häufig."* (Lao 5)

Die Philosophie der höheren Wahrheit, die besagt, daß die Welt leer ist, führt im Zen zu der Behauptung: Zen lehrt *nichts*. „Nichts in dieser dreifachen Welt existiert wirklich; wo möchtest du da den Geist (oder Sinn, *xīn*) suchen? Die vier Elemente sind ihrer innersten Natur nach leer. Wo könnte da die Wohnstätte Buddhas sein?" (Ebd., S. 42). Diese Behauptung ist eben vom Standpunkt der höheren Wahrheit aus zu verstehen. Die Illusion der Erscheinungswelt gaukelt Gegensätze vor, aber die paradoxe Formulierung in den Worten eines Kôan führt hin zur höheren Erkenntnis, die in der leeren Mitte zwischen den Gegensätzen liegt.

Eines der Prajñâpâramitâsûtras, an die sich schon Nâgârjuna anlehnte, ist das sogenannte Herzsûtra, das Hridayasûtra. Dieser Lehrtext betont die Leerheit ganz besonders, und das Herzsûtra steht deshalb in der Welt des Zen in besonderem Ansehen. Morgens und vor jeder Mahlzeit wird diese Kurzfassung der „Vollkommenheit der Weisheit“ in den Zen-Klöstern von den Mönchen rezitiert.

Auch in diesem zentralen Begriff der Leerheit hat das Zen seine Wurzeln nicht nur in der indischen Philosophie des Mittleren Weges, sondern ebenso im chinesischen Taoismus. Gleich in den ersten Kapiteln erwähnt das Dào-dé-jīng mehrfach die Leere als wesentliche Besonderheit des WEGES: „Der WEG ist leer, und geht man auf ihm, wird er doch nicht voll ... Was zwischen Himmel und Erde liegt, das gleicht doch einem Blasebalg: Es ist leer ... Man bringe es dahin, daß man leer wird bis zum äußersten ...“ (Lao 4, 5, 16). Daß in der Leere der eigentliche Nutzen liegt, vergleicht das Dào-dé-jīng mit dem Leerraum eines Rades, eines Gefäßes oder Hauses: „Dreißig Speichen bilden zusammen einen Radkranz. In dessen Leerraum liegt die Verwendbarkeit des Wagens. Man knetet Ton und macht daraus ein Gefäß. In dessen Leerraum liegt die Verwendbarkeit. Man meißelt Türen und Fenster und baut so ein Haus. In dessen Leerraum liegt seine Verwendbarkeit.“ (Lao 11)

Das Zen bleibt nun aber nicht bei der Leerheit als letztem Prinzip stehen, sondern fordert, wie einst Nâgârjuna (MMK 13.7), daß „die Stütze der Leerheit aufgegeben werden“ müsse. (Suzuki, S. 54) Zen sei, so Suzuki, falsch aufgefaßt im Sinne einer Leerheit als „ein Zustand, in welchem das Subjekt weder einer objektiven Welt noch seiner selbst bewußt ist, sondern in einer grenzenlosen Leerheit verloren ist“ (S. 42). Zen liege vielmehr jenseits der Leerheit, man müsse also gleichsam einen Sprung machen, „die ‚grenzenlose Leerheit‘ muß durchquert werden“ (42). Und auch dieser Transzendenzsprung hat sein Vorbild schon im „Buch vom WEG und der Tugend“: „Denn wenn einer den WEG gefunden hat, hält er sich dabei nicht auf." (Lao 24) Dieser Weg ist der mittlere Weg: „Der mittlere Weg ist weder der mittlere, noch hat er zwei Seiten. Bist du gefesselt von der Außenwelt, so hast du die eine Seite, bist du erregt in deinem eigenen Geist, so hast du die andere Seite. Wenn keines von beiden geschieht, so gibt es kein Mittelding, und das ist der mittlere Weg." (Suzuki, S. 49) „Es gibt nur einen geraden Weg, der offen und ohne Hindernis durch und durch führt, und du kannst ihn betreten, wenn du alles hingibst ...", lehrt der Zen-Meister Yengo (vgl. Suzuki, S. 46).

Die Banalität des Alltäglichen. Der Weg, der durch die Leere hindurch führt, „durch und durch", führt den Zen-Adepten nun wieder, paradoxerweise, mitten hinein in die Wirklichkeit des Lebens, die sich am ehesten in der Banalität des Alltags offenbart. „Zen enthüllt sein Wesen im völlig unbedeutenden und ereignislosen Leben des gewöhnlichen Mannes von der Straße." (44) Es geht um die „naivste Lebenserfahrung" (85), um das Ideal der Schlichtheit – simplify, simplify! Wenn der Zen-Meister Jôshu feststellt: „Euer tägliches Leben, das ist das Tao" (75), so vergleiche man dazu Lao 12: „Der Heilige läßt ab vom Fernliegenden und nimmt das Naheliegende." „Tu ab die Heiligkeit und verwirf das Wissen ... Tu ab die Raffinesse und verwirf die Nützlichkeit ... Achte auf das Schlichte und umarme das Einfache." (Lao 19) „Mein Herz ist das eines einfältigen Menschen." (Lao 20) Die Rückkehr zum Rohzustand ist es, die Lao 28 fordert. Es handelt sich aber um einen Naturzustand, der in strenger Selbstzucht erreicht wird.

Auf die schwerwiegende und tiefschürfende Frage nach der Erstursache gab ein Zen-Meister zur Antwort: „Als ich im Tsin-Distrikt weilte, besaß ich ein Mönchsgewand, das sieben Kin wog." (Suzuki, S. 72) Das soll heißen: Die letzten Dinge offenbaren sich ganz plötzlich im Alltäglichen.

Satori, das Erleuchtungserlebnis, kann denn auch durch ganz banale Geschehnisse über einen „hereinbrechen", durch ein Geräusch, ein Stolpern, durch den Anblick einer Blume (Suzuki, S. 94). Doch die Vorbedingungen müssen bereits im Geist vorhanden sein. Zen vergleicht den Geist oft mit einem fleckenlosen Spiegel, einem Spiegel, den man immer klar und rein halten müsse.

Durch die Entwicklung einer Ethik des Alltags ist der Zen-Buddhismus mehr als eine bloße Meditationsübung. Im Urbuddhismus war „Meditation" (*dhyâna*, also der Terminus, aus dem das japanische Wort zen hergeleitet ist), wie wir sahen, eine Übung zur Reinigung des Denkens durch Gleichmut, Achtsamkeit und Konzentration. Der Begriff „Meditation" wird aber nun mit einem neuen Inhalt gefüllt: Bedeutet er doch nach Zen-buddhistischem Verständnis das Eindringen in die wahre Natur des eigenen Geistes und damit den Einblick in den wahren Grund des Seins. Man soll demzufolge sein Leben von innen her leben, im Einklang mit sich selbst und der Natur: Natürlichkeit statt Künstlichkeit. Hier ganz besonders ist der Einfluß des Taoismus zu erkennen: „Leise Worte – dann geht alles wie von selbst ... Wenn man mit dem WEG eins ist, dann nimmt einen der WEG auch gern an. Wenn man mit der Tugend *(dé)* eins ist, dann nimmt einen die Tugend auch gern an. (Lao 23) „Der WEG nimmt sich als Vorbild, daß alles wie von selbst geht." (Lao 25) „Man habe Erfolg, weil man eben nicht anders kann." (Lao 30, Freiheit und „Von-Selbst-Sein" auch Lao 17).

Auf diese Weise versucht der Zen-Buddhist, mit den innersten Kräften seines Wesens in Fühlung kommen (Suzuki, S. 42), er hegt unbedingtes Zutrauen zum innersten Wesen des Menschen. Und dieses innerste Wesen des Menschen ist es, das der Zen-Buddhismus nun den Buddha-Geist nennt. Der mahâyânistische „Körper des Gesetzes", die theologisch-monistische Konzeption des *dharma-kâya*, bricht hier wieder durch.

„Ein Mensch lebt, wie er leben sollte“ (43), wenn er Zen verstanden hat. Er versteht sein Leben nicht mit Hilfe der Logik, sondern erstrebt eine Lebensfülle, die auf reiner Erfahrung beruht. „Leben ist eine Kunst und sollte wie jede vollkommene Kunst selbstvergessen sein, nie dürfte es Qual oder Anstrengung sein. Nach Ansicht des Zen sollen wir leben, wie ein Vogel durch die Lüfte fliegt, oder wie ein Fisch im Wasser schwimmt.“ (Suzuki, S. 64) „Es schießt“, lautet die Erfahrung, die E. Herrigel machte, der *Zen in der Kunst des Bogenschießens* (München-Planegg [6]1956) übte.

Die neuartige Synthese, zu welcher der Zen-Buddhismus gelangt, formuliert sich in vier *Schlüsselbegriffen*.

Der erste ist der Begriff „Meditation“, der, wie wir sahen, mit einem neuen Inhalt gefüllt wird. „Meditation“, 禪 Japanisch *zen*, ist der Begriff, der dieser ganzen Schule des Buddhismus den Namen gegeben hat. Es handelt sich im übrigen um eine Lautübersetzung, also eine phonetische Wiedergabe von Sanskrit *dhyâna* (> Prakrit *jhâna* > Mittelchinesisch *źi̯än* > Pekinesisch *chán*).

Zen findet speziell seinen Ausdruck in der Übung des 座禪 *za-zen* (chin. *zuò chán*) „Sitzen in Meditation“. Einer der größten Meister in der Geschichte des japanischen Zen, Dôgen, gab dafür die folgende Übungsanweisung:

Wenn du die Erleuchtung zu erlangen wünschst, so übe eilends Zazen. Für das Zazen ist ein stilles Zimmer gut, Speise und Trank seien mäßig. Wirf alle Bindungen von dir, beruhige die zehntausend Dinge, denk nicht an Gut und Böse, urteile nicht über richtig und falsch, halte den Lauf des Bewußtseins an, mach die Tätigkeit des Wünschens, Vorstellens, Urteilens aufhören!

Beim rechten Sitzen breitet man ein dichtes Kissen aus, darauf legt man noch ein (rundes) Kissen. Nun setzt man sich hin im ganzen oder halben Verschränkungssitz. Beim sogenannten ganzen Verschränkungssitz legt man zunächst den rechten Fuß auf den linken Oberschenkel, den linken

Fuß läßt man auf dem rechten Oberschenkel ruhen. Beim halben Verschränkungssitz liegt nur der linke Fuß auf dem rechten Oberschenkel, Kleider und Gürtel seien locker angelegt und gleichmäßig geordnet. Die rechte Hand legt man auf den linken Fuß, der linke Handrücken ruht auf der rechten Handfläche, beide Daumen sind gegeneinander gestützt.

Man sitze mit aufrechtem Körper, ohne nach links oder rechts zu neigen, oder sich nach vorn zu beugen oder nach rückwärts zu recken. Ohr und Schulter, Nase und Nabel müssen einander gegenüberstehen. Die Zunge liegt am oberen Gaumen an, Lippen und Zähne sind geschlossen, aber stets müssen die Augen geöffnet sein.

Schon ist die Körperhaltung bestimmt, nun regle die Atmung! Wenn ein Wunsch aufsteigt, merke ihn, wenn du ihn gemerkt hast, laß ihn fahren! Indem du lange übst, vergißest du alle Bindungen und gelangst von selbst zur Sammlung. Das ist die Kunst des Zazen. Das Zazen ist das Dharma-Tor der großen Ruhe und Freude. (zitiert nach H. Dumoulin: *Geschichte des Zen-Buddhismus*, II, 1986, S. 55f.)

Ziel des Zen-Adepten ist 悟 *satori*, wie es auf Japanisch heißt, das „Erwachen" (chin. *wù*, Übersetzung von Sanskrit *bodhi*). Satori ist, wie dargelegt, nicht allein durch Meditation realisierbar, es ist mehr als Meditation über Vergänglichkeit oder Leerheit. Das Satori genannte Erleuchtungserlebnis beseitigt zwar durch „intuitive Innenschau" die Täuschungen und Illusionen, die – im Sinne der Philosophie Nâgârjunas – auf dualistischem Denken beruhen. Es greift aber weiter, bis an die „Wurzeln der Existenz", bedeutet einen „Wendepunkt im Leben", eine „Wiedergeburt" durch die „Erreichung eines neuen Blickpunkts" (Suzuki).

Der vierte Schlüsselbegriff, der für das Zen besonders charakteristisch ist, lautet im Japanischen 公案 *kôan* (Chinesisch *gōng-àn*). Das Kôan ist eine katechetische Frage, die als Thema für die Meditation vorgelegt wird. Oft nimmt das Kôan die Gestalt eines Rätsels an, das ein Paradox beinhaltet. Kôans können jedoch auch in die Form eines Wechselgesprächs gekleidet sein. So beginnt die Kôan-Sammlung *Hekiganroku* mit einem Gespräch, das beim ersten Treffen des Gründers Bodhidharma mit dem Kaiser Wu (502-550) der südchinesischen Liang-Dynastie stattgefunden haben soll:

Der Kaiser fragte: „Welches Verdienst habe ich dadurch erworben, daß ich seit meiner Thronbesteigung zahllose Tempel errichten, Sûtren abschreiben und Mönche weihen ließ?“

Der Meister sprach: „Gar kein Verdienst.“

Der Kaiser sprach: „Weshalb gar kein Verdienst?“

Der Meister sprach: „All dies sind nur unreine Verdienstgründe, welche die kleine Frucht der Wiedergeburt als Mensch oder im Himmel zeitigen. Sie folgen wie Schatten der Gestalt, aber sie haben keine Wirklichkeit.“

Der Kaiser sprach: „Welcher Art ist denn wahres Verdienst?“

Er antwortete: „Es ist reines Wissen, wunderbar und vollkommen. Sein Wesen ist Leere. Solches Verdienst kann man nicht durch weltliche Mittel erlangen.“

Darauf fragte der Kaiser: „Welches ist das erste Prinzip der heiligen Wahrheit?“

Der Meister sprach: „Offene Weite, nichts von heilig.“

Der Kaiser sprach: „Wer ist es, der mir entgegnet?“

Der Meister sprach: „Ich weiß es nicht.“[43]

Am Kôan zeigt sich ganz besonders die Vorliebe des Zen-Buddhismus für paradoxe Formulierungen und die Zurückführung auf das Absurde. Das Kôan ist, wenn man so will, die poetische Umsetzung der Philosophie des Mittleren Weges.

Ein paradoxes Rätsel steht übrigens auch ganz am Anfang des Dào-dé-jīng. Dort heißt es: „Wenn Wege gegangen werden können, sind sie nicht der ewige WEG.

Wenn Namen genannt werden können, sind sie nicht der ewige Name.“ Oder auch am Anfang des 22. Kapitels: „Wenn etwas einseitig ist, dann ist es vollkommen. Wenn etwas krumm ist, dann ist es gerade.“

Solche Rätsel, die nicht durch rationales Denken, sondern im mystischen Sinne zu deuten sind, bringt nun das Zen zur höchsten dichterischen Vollendung. In schier unerschöpflichem Einfallsreichtum ersinnen die Zen-Meister paradoxe Bilder, welche die Leerheit jenseits der Zweiheit verdeutlichen. Wie soll man beispielsweise die Gans, die als Küken in einer Flasche großgezogen wurde, befreien, ohne die Flasche zu zerstören oder die Gans zu töten?

Aber das vielleicht bekannteste Kôan ist „der Ton einer Hand“: „Wenn beide Hände zusammengeschlagen werden, so entsteht ein Ton: Horche auf den Ton der einen Hand!“

Amidismus – der Weg der frommen Hingabe

Dem Glauben des Mahâyâna zufolge existieren im endlosen Raum in zahllosen Welten zu allen Zeiten für unendlich viele Wesen zahlreiche Bodhisattvas gleichzeitig. Aber nicht nur diesen Bodhisattvas gilt die Verehrung der mahâyânistischen Gläubigen, ihre Hingabe richtet sich auch auf zahllose Buddhas. Die transzendenten Bodhisattvas, an die sich der Gläubige als Nothelfer wenden kann, werden jeweils bestimmten transzendenten Buddhas zugeordnet, also Buddhas in ihrer „Genußkörper“-Gestalt *(sambhogakâya)*. Einer dieser transzendenten Buddhas, die in ihrem „Genußkörper“ außerhalb dieser Welt existieren ist Amitâbha, „Der von unermeßlichem Glanz“. Amitâbha ist die Sanskrit-Form; andere Namen sind Amitâyus oder die Kurzform Amita. Japanisch heißt er 阿彌陀 Amida, aus Chinesisch Ē-mí-tuó.

Die transzendenten Buddhas erzeugen als sogenannte „Meditations-Buddhas“ *(dhyânibuddha)* auf dem Wege der Meditation bestimmte „Meditations-Bodhisattvas“ *(dhyânibodhisattva)*. So gilt Avalokiteshvara als der transzendente Bodhisattva zum transzendenten Buddha Amitâbha. Der transzendente Bodhisattva Avalokiteshvara hat wiederum den historischen Gautama als Nirmânakâya-Buddha durch Meditation erzeugt. Im tibetischen Lamaismus wird der Dalai Lama als Verkörperung des Bodhisattva Avalokiteshvara verehrt, die Panchen Lamas gelten als Inkarnationen des Buddha Amitâbha.

Amitâbha ist Herr des Paradieses Sukhâvatî, daß in unermeßlicher Entfernung von uns im Westen liegt. Ein anderer Name dieses Paradieses im Westen ist das „Reine Land“ (淨土 japanisch Jôdo, chinesisch Jìng-tŭ), weshalb der Amida-Buddhismus auch der Buddhismus des Reinen Landes genannt wird. Das Heilsstreben der Gläubigen Amida-Buddhisten richtet sich darauf, nach ihrem Tode in diesem Reinen Land wiedergeboren zu werden. Der Aufenthalt dort befähigt sie nämlich durch die Gnade des Buddha Amitâbha zu einer mühelosen Verwirklichung des Nirvâna. Hier in unserer Welt, so glauben die Amida-Buddhisten, sind die Menschen nämlich zu schwach, um aus eigener Kraft das Nirvâna zu erreichen.

Der Buddha unseres Weltzeitalters, Gautama, der Shâkyamuni, hat für die Verehrer Amitâbhas an Bedeutung verloren. Er ist nur noch derjenige, der die Existenz Amitâbhas und seines Reinen Landes verkündet hat. Gautama ist der Verkünder, Amitâbha jedoch der Retter. Im Haupttext des Amida-Kultes, dem Sukhâvatîvyûha, erzählt Gautama Buddha seinem „Lieblingsjünger“ Ânanda, daß einst, vor zehn Weltzeitaltern, ein Mönch namens Dharmâkara den Entschluß faßte, die Bodhisattva-Laufbahn einzuschlagen. Als der Bodhisattva Dharmâkara dann nach einem unermeßlich langen Zeitraum, nämlich nach hunderttausend mal einer Million mal zehn Millionen, das heißt also nach einer Trillion von Jahren die Buddhaschaft verwirklichte, wurde er zum Buddha Amitâbha im Paradies des Westens, wo er auch gegenwärtig residiert.

Die Welt Sukhâvatî des Buddha Amitâbha ist reich und blühend. Es gibt dort viele Götter und Menschen, aber keine unwillkommenen Daseinsformen. Sukhâvatî ist von mancherlei Wohlgerüchen erfüllt, geschmückt mit schönen Blumen und Bäumen, über welche schön singende, vom Tathâgata magisch geschaffene Vögel fliegen. Die Lotosblumen dort sind aus Edelsteinen und von riesigem Umfang. Es gibt dort keine Berge, sondern alles ist dort ganz eben, wie eine Handfläche. Gewaltige Flüsse strömen ruhig dahin, ihr Wasser ist je nach Wunsch kalt oder warm. Stets erklingen schöne Töne, die zur Freude, zur Leidenschaftslosigkeit, zur Ruhe anregen. Zwischen Göttern und Menschen gibt es dort keinen Unterschied. Die Wesen genießen dort keine stofflichen Speisen, sondern was für Nahrung sie sich wünschen, von der fühlen sie sich erquickt. In gleicher Weise erfüllen sich ihre Wünsche nach Düften, Musik, Schmuckstücken usw. Zu verschiedenen Tages- und Nachtzeiten wehen Winde, die lieblich duftende Blüten herabfallen lassen ... Alle Bodhisattvas, die dort wiedergeboren werden, sind nur noch an diese eine Geburt gebunden und werden von dort aus die vollkommene Erleuchtung erlangen ... Und die Wesen, die in diesem Buddhalande geboren werden, sprechen nur von der heiligen Lehre. Es besteht daselbst nicht die Vorstellung von Eigentum, von Freude und Schmerz, von Mein und Dein, von Ungleichheit, kein Streit und kein Hader. Einträchtig, wohlwollend, sanft sind sie alle zur Erkenntnis vorgedrungen. Auf wunderbare Weise (d. h. ohne aus einem Mutterleib geboren zu sein) entstanden, erscheinen die Menschen dort in oder auf Lotoskelchen sitzend. Diejenigen, die noch Zweifel hegten hinsichtlich Sukhâvatîs, die haben ihren Wohnsitz in *den Kelchen, die, die nicht zweifelten, sitzen mit untergeschlagenen Beinen* auf *den Kelchen. Die Zweifler haben zwar angenehme Vorstellungen, sie entbehren aber des Anblicks des Buddha und des Hörens seiner Lehre für fünfhundert Jahre. Daran sieht man, zu welchem Unheil der Zweifel führt. Darum sollen die Bodhisattvas ohne zu zweifeln den Gedanken an die Erleuchtung in sich entstehen lassen, die Kraft, allen Wesen Gutes zu tun, in sich ausbilden und die Wurzeln des Heils in sich entwickeln, damit sie wiedergeboren werden in der Welt Sukhâvatî, wo der erhabene Amitâbha weilt, der Tathâgata, der Arhat, der Vollkommenerleuchtete.* (H.v. Glasenapp: *Pfad zur Erleuchtung*, 1974, S. 147f.)

Der Bodhisattva Dharmâkara, der spätere Buddha Amitâbha, hat nicht nur ein Bodhisattva-Gelübde abgelegt, sondern deren 46, im chinesischen Schrifttum sind es sogar 48. Das Besondere an diesen Gelübden war aber, daß Dharmâkara durch sie die Erlösung von den Leiden des Wiedergeburtskreislaufs für die Wesen besonders einfach machen wollte. Durch seine Gelübde verpflichtete er sich nämlich, alle Wesen, die auch nur an ihn denken, die Wiedergeburt in seinem Paradies Sukhâvatî erlangen zu lassen. So lautet sein 18. Gelübde: *„Wenn die Wesen in den zehn Himmelsrichtungen mit stillen Gedanken an mich denken und wünschen, in meinem Lande wiedergeboren zu werden, und wenn sie zehn Mal an mich gedacht haben oder meinen Namen wiederholt haben, wenn diese Wesen dann nicht dort geboren werden, so will ich nicht das vollkommene Wissen erlangen!“* (zitiert nach *Encyclopaedia of Buddhism*, Bd. I,3, S. 435) In seinem 20. Gelübde wird dasselbe auch über die Wesen gesagt, die den Namen Amitâbhas nur hören – also nicht einmal selbst aussprechen – und dann die Wiedergeburt in seinem Paradies erstreben. Die Erlösung ist damit vermittels der Gnade des Buddha Amitâbha soweit vereinfacht, daß es genügt, den Namen Amitâbha auszusprechen, zu denken oder auch nur zu hören, um dadurch nach dem Tode in sein Paradies als direkte Zwischenstation zum Nirvâna zu gelangen.

Ein anderer Grundtext dieses buddhistischen Gnadenwegs, das Amitâyurdhyânasûtra, behauptet, daß selbst diejenigen, die sich der abscheulichsten Verbrechen schuldig gemacht haben, in Amitâbhas Paradies wiedergeboren werden, vorausgesetzt, sie wiederholen vor ihrem Tode zehn Mal die Formel: *namo 'mitâyushe buddhâya*, „Verehrung dem Buddha Amitâyus!“

Die ältesten Amitâbha gewidmeten Schriften stammen bereits aus dem ersten Jahrhundert v. Chr. und wurden vom zweiten 2. Jahrhundert n.Chr. an ins Chinesische übersetzt. Erwähnt wird er zuerst in den älteren Abschnitten des Lotossûtra, aber nur als einer der Buddhas des Westens, ohne daß ihm eine besondere Bedeutung beigemessen würde. Chinesische buddhistische Pilger berichten zwar von einem Kult des Amitâbha in Indien. Besondere Bedeutung erlangte dieser Buddha aber, vermittelt über China, erst in Japan. Im Jahre 640 soll der Grundtext des Amida-Buddhismus, das Sukhâvatîvyûha, erstmals am japanischen Hof rezitiert worden sein. Aber erst im 12. Jahrhundert gründete Hônen (1133-1212) die Jôdo-Schule des japanischen Amidismus, die Schule des „Reinen Landes“. In dieser Schule genügt es, gläubig die Formel *nembutsu* auszusprechen – das sind die Sanskrit-Worte *namo buddhâya*, „Verehrung dem Buddha“, in japanisierter Form – um der Wiedergeburt in Sukhâvatî teilhaftig zu werden. Hônen soll sein *nembutsu* selbst täglich 60.000 mal wiederholt haben, und zwar nicht als mechanische Lippenbewegung, sondern erfüllt von tiefgläubiger Inbrunst. Spätere Schulen fanden es ausreichend, wenn die Formel nur einmal überhaupt ausgesprochen wurde, das mußte nur mit dem nötigen ernsten Glauben geschehen. Eine dieser Schulen ist die heute in Japan am weitesten verbreitete Amida-Sekte, die Jôdo

Shinshû-Richtung, „die wahre Sekte des Reinen Landes". Sie wurde von Hônens Schüler Shinran (1174-1268) ins Leben gerufen. Shinran lockerte auch die Mönchsregel, indem er den Mönchen seiner Kirche erlaubte zu heiraten sowie Fleisch und Fisch zu essen.

Noch weiter vereinfacht wurde die Worterlösung in der von Ippen (1238-1289) gegründeten Amida-Sekte, die sich „Zeit", *ji*, nennt. Sie bietet die adäquate, die „Zeit"-gemäße Erlösung, die erlangt wird, wenn der bloße Laut *nembutsu* ertönt, selbst wenn er von einem Ungläubigen ausgesprochen wird. Nicht einmal der Glaube kann von Nutzen sein, weil er eine Aktivität des Geistes darstellt. Wenn *nembutsu* wiederholt wird, ist weder man selbst da noch der Buddha, sondern es besteht nur die Anrufung an sich.

Wir finden so im Amida-Buddhismus das Gegenstück zur hinduistischen Bhakti, dem auch heute noch in Indien weit verbreiteten Erlösungsweg der gläubigen Hingabe an Gott. Der Weg des Amida ist der leichte und schnelle Weg der Gnade, des Glaubens und der Inbrunst. Magische Elemente sind unverkennbar, etwa in Gestalt der Wortmagie, die dem bloßen Klang des Namens Amita Erlösungswirksamkeit zutraut. Derartige Mantras sind seit ältesten Zeiten auch im Hinduismus bekannt. Obwohl der antiritualistische Urbuddhismus die Magie als Weg zur Erlösung abgelehnt hatte, gelangten solche magischen Formeln dann nicht nur im Amidismus, sondern auch im dritten „Fahrzeug" des Buddhismus, dem Vajrayâna, ebenfalls zu größter Bedeutung.

Vajrayâna – das Diamantfahrzeug[44]

Die dritte Drehung des Rades der Lehre wird durch das Wiedererstarken der Magie in buddhistischen Kreisen in Gang gesetzt. Nach ihrem Symbol, dem Vajra, dem Diamanten, Donnerkeil oder Szepter, das dann der Dalai Lama als politisches Oberhaupt der tibetischen Gelbmützenschule im Wappen führt, wird diese synkretistische, mit mannigfaltigen und weitgestreuten religiösen Phänomenen angereicherte Spätform des Buddhismus Vajrayâna genannt, das Diamantfahrzeug. Wegen seiner Ähnlichkeiten mit dem hinduistischen Tantrismus, und weil seine umfangreiche Literatur in der Textgattung der Tantras enthalten ist, spricht man auch von buddhistischem Tantrismus. Weil darin ferner die magische Formel als rituelles Instrument und Erlösungshilfe eine besondere Rolle spielt, heißt es gelegentlich in spezieller Einengung Mantrayâna, das Fahrzeug der Zaubersprüche.

Das Vajrayâna blüht heute noch vor allem in Tibet und Japan. Im Tibetischen heißt Vajra *rdo-rje* („dordsche"), was beispielsweise auch in dem Namen der Himâlaya-Stadt „Darjeeling" vorkommt; im Japanischen lautet es 金剛 kongô, was aus dem Chinesischen *jīn-gāng* vermittelt ist. Vajra, häufig auch Namensbestandteil gläubiger Vajrayânîs, wird in philosophischem Kontext zum Synonym für die „Leerheit", der Shûnyatâ, als Bezeichnung des Absoluten.

Buddhistische Tantras entstehen überwiegend in der zweiten Hälfte des ersten nachchristlichen Jahrtausends, es gibt jedoch Vorstufen dazu. Einer dieser Vorläufer ist die Gattung Dhâranî der Mahâyâna-Literatur. Dhâranî ist der buddhistische Ausdruck für den Terminus, der in brahmanischer oder hinduistischer Umgebung meist Mantra heißt – „magische Formel“ –, und wird dann zur Bezeichnung einer Literaturgattung, die sich überwiegend mit derartigen Zaubersprüchen beschäftigt. Dhâranîs wurden seit dem dritten Jahrhundert n.Chr. ins Chinesische übersetzt; so sieht die japanische Shingon-Schule den Übersetzer Shrîmitra, der in den Jahren 317-322 in Nánjīng tätig war, als einen ihrer Vorläufer an.

Auch das Vajrayâna gelangte von Indien aus über China nach Japan. Die ersten indischen Patriarchen des Diamantfahrzeugs in China waren Vajrabodhi, geboren 670 in Mittelindien, der in China als Übersetzer tätig war und auch verstarb; sein Schüler Amoghavajra wurde 705 in Ceylon geboren. Auch er reiste nach China, von wo aus er mehrere Indienreisen unternahm und im Jahre 774 hochgeehrt verstarb. Shubhakarasimha (637-735) zählt ebenfalls zu den indischen Patriarchen des Vajrayāna in Ostasien.

Tibet[45] ist das klassische Land des Diamant-Buddhismus. Padmasambhava, ein tantristischer Zaubermeister und charismatischer Wanderprediger, verbreitete um 770 in Tibet ein shaktistisches Vajrayâna. Er und seine Anhänger trugen rote Kappen, wonach diese noch heute bestehende nichtreformierte Schule des Lamaismus die Rotmützenschule genannt wird. Atîsha (982-1055), ein bengalischer Patriarch und Kirchenlehrer, kam im Jahre 1042 nach Tibet. Er begründete auch den tibetischen Kalender, der auf dem letzten großen Tantra-Text, dem Kâlacakratantra, beruht. Tsong-kha-pa (1357-1419) ist der Stifter der Reformsekte der Gelbmützen, als deren geistliches Oberhaupt der Panchen-Lama fungiert, als politischer Führer der Dalai-Lama.

Das nahezu unendliche Pantheon des Vajrayâna umfaßt fünf Klassen von Wesen, nämlich jeweils männliche und weibliche Buddhas, Bodhisattvas, Vidyârâjas, Devas und

Heilige. Die fünf wichtigsten Buddhas sind der soeben genannte Vairocana, der auch als Âdibuddha gilt, ferner Akshobhya, Ratnasambhava, Amitâbha und Amoghasiddhi. Weibliche Buddhas heißen auch Tathâgatî; so gibt es z.B. eine Buddhalocanâ, das „Auge des Buddha". Die führenden Bodhisattvas sind aus dem Mahâyâna bekannt, beliebte und volkstümliche Retter und Nothelfer wie Avalokiteshvara, Maitreya, Mañjushrî, Mahâsthâmaprâpta und viele andere. Weibliche Bodhisattvas sind die Shaktis Târâ, Prajñâpâramitâ oder Mâmakî. Bodhisattvas können auch in Gestalt von Heilkräutern, Edelsteinen, Symbolen oder Vögeln auftreten. Vidyârâjas, die „Wissenskönige", weiblich Vidyârâjñî, sind Gottheiten mit furchtbarem Aussehen, die besonders in Tibet verbreitet sind. Es kann sich bei ihnen auch um personifizierte Zaubersprüche handeln, wie etwa bei der „Wissenskönigin" Mahâmâyûrî. Als Devas und Devîs treten die hinduistischen Götter und Göttinnen auf, ebenso die Dämonen und Dämoninnen des Volksglaubens. Die fünfte und letzte Klasse bilden die Heiligen; hier finden wir die ersten Mönche und Nonnen des Buddha wie Ânanda, Subhûti, aber auch Gautamas Sohn Râhula, ferner vedische Rishis wie Vâsishtha oder Vyâsa. Eine weibliche Heilige ist Mahâprajâpatî Gautamî, die aus der Buddhalegende bekannte Tante und Pflegemutter des Buddha, die auch als Gründerin des Nonnenordens gilt.

Tantrismus – der Weg der Magie

Der Heilsweg der Magie und des Rituals erhebt den Anspruch, noch wirkungsvoller und damit auch noch leichter und schneller als alle bisher aufgetretenen Erlösungswege zu sein. Durch ihn sind der ethisch-rationalistische Weg der Selbsterlösung des hînayânistischen Arhat, aber auch die Gnadenwege des Mahâyâna zwar nicht aufgehoben – denn sie sind durchaus noch auch im Vajrayâna enthalten und anerkannt – , aber sie sind in den Hintergrund getreten. Der Weg der Magie ist von jedermann, sofern er durch die Initiation *(abhisheka)* eingeweiht ist, leicht durchzuführen, und vor allem ist er sofort wirksam. Er wirkt in Gedankenschnelle, führt mit einem Schlage zum Ziel, zur Buddhaschaft.

Zaubersprüche hat es schon lange vor Auftreten des Buddhismus in Indien gegeben. Bereits in der Religion des Veda wird jedes Ritual von Mantras wie zum Beispiel der Silbe *om* begleitet. Der antiritualistische Urbuddhismus hatte das Zaubern freilich als erlösungshinderlich verworfen. Er hatte Magie und Ritual bekämpft und durch ethisches Denken überwunden.

Das magische Denken war aber dadurch in Indien keineswegs verschwunden, im Gegenteil, es hat zu allen Zeiten und bis heute eine unübersehbare religiöse Rolle gespielt. Im Vajrayâna brechen sich nun, beeinflußt durch den hinduistischen Tantrismus, die Kräfte Bahn, die der Faszination der Magie erliegen und in der Suggestion des Zauberns, der magischen Identifizierung von Mikrokosmos und Makrokosmos, ihr Heil suchen.

Gedanke, Wort und Tat werden im Ritual erlösungswirksam, die Meditation etwa über sogenannte „Wurzelsilben" oder „Keimsilben" *(bîjamantra)*, die zum Beispiel Lieblingsgottheiten symbolisieren können. Gesten *(mudrâ)* bergen für den Eingeweihten besondere Bedeutungen und bringen magische Wirkungen hervor. Schriftzeichen und Schriftsymbole sind durch ihr bloßes Vorhandensein wirksam, weshalb der Tantriker magische Formeln auf Gebetsfahnen und Felswände schreibt. Manuskriptrollen übertragen ihre Wirkung nicht nur durch das Lesen der Texte, schon ihre Berührung erzeugt auf dem Wege der Kontaktmagie die Wirkung ihres Inhalts. Gebetsräder und Gebetsmühlen entfalten allein durch ihre Bewegung die Wirkung der Zauberformeln, die sie enthalten, gewähren Schutz und weltliche Wünsche, heilen Krankheiten. Die

Mantras eines Schutzzaubers in einem frühen Dhâranî-Text des Mahâyâna, der kürzlich von einem Priester der vajrayânistischen Shingon-Sekte Japans ediert wurde, der Mahâmâyûrîvidyârâjñî, (ed. Shûyo Takubo, Tokyo 1972, S. 17) lauten beispielsweise: *veduri veduri veduri vedurî, maṭṭite maṭṭite, koṭi koṭi, vidyumati, hu hu hu hu hu hu hu, cu cu cu cu cu cu cu cu, ru ru ru ru ru ru ru ru, ca ca ca ca ca ca ca, sa svâhâ*. Diese Silben bergen keine Bedeutung im gewöhnlichen Sinn, aber ihr bloßes Aussprechen läßt sie im Zauber magisch wirksam werden.

Das Mandala, das mystische Diagramm, stellt mikrokosmisch das gesamte Universum dar und bringt so auf künstlerischem Wege die tantrische Überzeugung zum Ausdruck, daß alle Erscheinungen des Kosmos aufs engste zusammenhängen. Das Höchste ist mit dem Niedrigsten verknüpft. Auch das Gemeinste hat seine Berechtigung.

Das tantrische Ritual hat den reich entwickelten Kult des Mahâyâna in vollem Umfang übernommen. Pûjâ („Verehrung", „Huldigung") vor Statuen und Bildern, Preishymnen und Gesang, Instrumentalmusik, das Schwenken von Lichtern, das Abbrennen von Räucherwerk, die Darbringung von Opfergaben, von Blumen und Früchten, auch von Fleisch und Alkohol an die Dämonen, ohne all jene aus dem Hinduismus entlehnten Kulthandlungen sind auch die tantrischen Zeremonien des Vajrayâna-Buddhismus undenkbar.

Siddha genannte Zaubermeister besitzen übernatürliche Fähigkeiten, die sie durch Mantras und Rituale erlangt haben. Um die 84 Siddhas, davon vier weibliche, haben sich in Tibet zahlreiche Legenden gesponnen. Diese „Vollendeten" entstammen oft niedrigen Kasten; von Beruf sind sie Vogeljäger, Holzhacker, Gärtner, Schuster oder Bordellkellner. Es finden sich große Säufer und Raufbolde unter ihnen. Den Mönchen mancher Richtungen des Diamantfahrzeugs sind das Trinken von Alkohol und das Ausüben weltlicher Berufe erlaubt, sogar das Heiraten. Mönche, die verheiratet sind, soll es bereits im sechsten Jahrhundert in Kashmîr gegeben haben. Teilweise sind auch die Mönche der Rotmützenkirche in Tibet verheiratet, im Gegensatz zur Reformkirche der Gelbmützen.

Shaktismus – das Element des Weiblichen

Das Vajrayâna tritt in zwei Arten auf, als Tantrismus und als Shaktismus. Tantrismus ist die rein magische Variante, unter Shaktismus versteht man magischen Tantrismus unter Einschluß sexueller Riten, d.h. also unter Einbeziehung des Elements des Weiblichen. Das Diamantfahrzeug macht hiermit nicht nur den urbuddhistischen Antiritualismus wieder rückgängig, es dreht das Rad der Lehre auch darin wieder zurück, indem es dem ursprünglichen Antihedonismus zuwiderläuft.

Die Wurzeln des Shaktismus liegen im Kult der Großen Mutter. Auch in dieser Hinsicht ist das Vajrayâna vom Hinduismus beeinflußt, nämlich vom hinduistischen Shaktismus. Nach dem Vorbild des hinduistischen Shaktismus wurden Shaktis in das buddhistische Pantheon aufgenommen. Unter einer Shakti versteht man die personifizierte „Kraft" von Göttern. Diese Kraft nimmt weibliche Gestalt an. Im Buddhismus treten nun weibliche Buddhas und Bodhisattvas auf. Bodhisattvas können sogar als Hetären erscheinen, wenn ihre Bodhisattva-Tugend der „Geschicklichkeit in der Anwendung der Mittel zur Bekehrung" *(upâyakaushalya)* es erfordert und sie ihren Freier so dem Nirvâna näherbringen können. Buddhistische Shaktis sind beispielsweise die personifizierte Prajñâpâramitâ, die „Vollkommenheit der Weisheit", oder Vidyâ, das personifizierte „Wissen", das im Sanskrit weiblichen Geschlechts ist. Eine in Tibet und Nepal, aber auch in der Volksreligion Ceylons sehr beliebte Muttergottheitengestalt ist Târâ, was zunächst „Stern“, dann aber auch „Retterin“ bedeutet.

Im shaktistischen Ritual soll die sexuelle Polarität durch rituellen Beischlaf überwunden werden. Der Geschlechtsakt wird zum Heilsweg, zum Weg zur Erlösung. Das sexuelle Element kann entweder ins Positive gewendet oder sublimiert werden. Ins Positive gewendet bedeutet es die Aufnahme von Lust und Leidenschaft ins Geheimritual. Der Haupttext dieser Richtung ist das shaktistische Guhyasamâja-Tantra, das „Tantra der Geheimgesellschaft“, das besonders in Tibet und Nepal geschätzt wird. Die ältesten Schriften des shaktistischen Vajrayâna stammen aus dem siebten Jahrhundert.

Wenn das Sexuelle in sublimierter Form auftritt, so werden die sexuellen Ritualpraktiken nicht mehr tatsächlich ausgeführt, sondern durch magische, also tantrische Gedanken, Worte und Ersatzhandlungen substituiert, beispielsweise durch Gesten *(mudrâ)* mit mehr oder weniger geheimer Bedeutung. So versinnbildlicht die Geste des Âdibuddha oder All-Buddha Vairocana, des „Sonnenhaften“, der auch nach hinduistischer Ausdrucksweise als Îshvara, als Herr, bezeichnet wird, den Zeugungsakt. Die Sublimierung der Leidenschaften fand denn auch ihren Ausdruck vor allem im Mahâvairocanasûtra, das kurz nach 700 n.Chr. ins Chinesische übersetzt und zum Haupttext der japanischen Vajrayâna-Schulen wurde.

Reformbuddhismus der Neuzeit

Der Buddhismus der heutigen Zeit ist entweder traditionell gebunden an die Lehren und die Ordensdisziplin der drei orthodoxen Fahrzeuge des Shrâvakayâna (bzw. Theravâda in Sri Lanka und Südostasien), Bodhisattvayâna (bzw. Mahâyâna in Ostasien) und Vajrayâna (Tibet, Japan). Oder er ist gekennzeichnet durch reformistische Bestrebungen, indem er sich mit modernen Denkanstößen auseinandersetzt und zu teilweise neuartigen weltanschaulichen Positionen gelangt. Derartige Reformtendenzen sind entweder rein religiöser Art, oder sie sind durchsetzt mit säkularistischen Anschauungen.[46]

Am Beispiel zweier buddhistischer Persönlichkeiten der Neuzeit sollen im folgenden die Tendenzen des heutigen Buddhismus repräsentativ dargestellt werden. Râhul Sânkrityâyan ist ein Vertreter des Neobuddhismus, der säkularistische Einflüsse verarbeitet, insbesondere westliche Ideologien wie den Sozialismus. Der thailändische Mönch Buddhadâsa hingegen gelangt zu einer synkretistischen Synthese des Buddhismus mit anderen Weltreligionen, auch mit dem Christentum, dessen Lehren er eklektisch gemäß buddhistischem Verständnis deutet, indem er Glaubensstandpunkte aus Hînayâna, Mahâyâna und Zen-Buddhismus kombiniert.

Die Säkularisierung des Buddhismus durch den Inder Râhul Sânkrityâyan

Unter den bedeutenden Vertretern des indischen Neobuddhismus wie z.B. Ven. Mahâvîra (gest. 1919), Anagârika

Dharmapâla (1864-1933), Bhîmrâo Râmjî Ambedkar (1891-1956) und Ven. Jagdîsh Kâshyap (1908-1976) nimmt der Inder Râhul Sânkrityâyan eine besondere Stelle ein. Als Mönch, Gelehrter, Literat und Forschungsreisender war er einer der eigenwilligsten indischen Denker des zwanzigsten Jahrhunderts.

Biographisches. Râhul Sânkrityâyan (*9.4.1893 †14.4. 1963 in Darjeeling), mit bürgerlichem Namen Kedârnâth Pândey, entstammte einer nordindischen Brahmanenfamilie aus dem Bundesstaat Uttar Pradesh. Bereits im Alter von 17 Jahren unternahm er eine erste sechsmonatige Reise in den Himâlaya. Bis zu seinem Tode blieb er „ein unermüdlich Suchender", ein „Rebell", „immer unterwegs von einem Punkt der Erkenntnis zum nächsten, von einem Kreis von Glaubensvorstellungen zum anderen, eine rastlose Seele, stets auf der Suche nach der Erlösung des Menschen vom Leid".[47] Zahlreiche weitere Reisen, wie auch seine gesamte Biographie, spiegeln seine geistige und spirituelle Entwicklung. Im Alter von 20 Jahren besucht er als hinduistischer Wandermönch, als Sâdhu, die Wallfahrtsorte Südindiens, mit 27 Jahren die buddhistischen Pilgerzentren im Kernland des Buddhismus; alsbald reist er auch nach Ceylon, wo er im Alter von 33 Jahren als buddhistischer Mönch ordiniert wird, später jedoch wieder zugunsten seiner politischen Aktivitäten aus dem Orden austritt.

Râhul Sânkrityâyan betrieb sein Leben lang weitläufige Studien, vorwiegend der Sprachen, Religionen und Naturwissenschaften: Verfasser eines Tibetisch-Wörterbuchs und einer Koran-Übersetzung ins Sanskrit, befaßte er sich intensiv mit Sanskrit, Pâli, Englisch, Arabisch und Persisch, mit Linguistik, Grammatik, Dialektforschung, Anthropologie, Archäologie, Epigraphie, Mathematik, Medizin, Astronomie, aber auch mit Theologie und Geschichte. Als Mitglied der buddhistischen Mahâbodhi-Gesellschaft sammelte und edierte er Pâli-Texte. Mehrere

Forschungsreisen führten ihn nach Tibet, von wo er wertvolle buddhistische Handschriften und Antiken zurück nach Indien brachte.

Mit politisch engagierten Zeitschriftenartikeln beginnt früh seine politische Karriere, die ihren Niederschlag in einem reichen literarischen Œuvre findet. Als Freiheitskämpfer in der indischen Unabhängigkeitsbewegung und wegen seiner Teilnahme an Gandhis Satyâgraha-Kampagne hat Râhul Sânkrityâyan mehrmals Gefängnishaft zu erdulden. Er bekleidet mehrere politische Ämter, etwa als Sekretär des Distriktkongresses. Durch seine politischen Aktivitäten kommt er mit marxistischem Gedankengut in Berührung, und er nimmt säkularistische, ja atheistische Überzeugungen an. Mit 45 Jahren tritt er der Allindischen Kommunistischen Partei bei, wird jedoch später wieder ausgeschlossen. Studienreisen führen ihn nach Europa, aber auch nach Japan, Korea, die Mandschurei und die Sowjetunion. 1944-47 lehrt er als Professor für orientalische Sprachen an der Leningrader Akademie der Wissenschaften. Von seinem 65. Lebensjahr bis zu seinem Tode hat der Autodidakt Râhul Sânkrityâyan den Lehrstuhl für Philosophie an der buddhistischen Vidyâlankâra-Universität in Kälaniya, Ceylon, inne.

Sânkrityâyans historischer Hindi-Roman „General Simha“. In seinem über weite Strecken autobiographisch gefärbten Entwicklungsroman „General Simha“ (entstanden 1944, veröffentlicht 1951, deutsch 1990) vermittelt Râhul Sânkrityâyan einen Überblick über seinen eigenen weltanschaulichen Werdegang, über seinen „risikoreichen Lebensweg, auf dem sich in den verschiedensten Landschaften seine geistige Auseinandersetzung zwischen weltabgewandter Meditation und diesseitigem Materialismus, zwischen der Geborgenheit angestammter Religionen und den Versuchen auf unterschiedlichsten Wissensgebieten, zwischen Buddhismus und Kommunismus vollzog“ (Fischer, S. 15). „Er gelangte damit zu einer Synthese von traditionellen indischen und modernen westlichen Ideen." (Ebd., S. 53)

Der Protagonist „General Simha" ist inspiriert von einer Figur aus dem Pâli-Kanon. In einem Kapitel des quasi-historischen Romans, das sich bis hin zu wörtlichen Übernahmen eng an die Pâli-Vorlage anlehnt, läßt Râhul Sânkrityâyan seinen Helden eine Begegnung mit dem Buddha erleben. Er legt darin dem Buddha und Simha seine buddhistisch-modernistischen Thesen in den Mund. Vor der Begegnung gibt Simhas Schwägerin eine Erklärung, was unter den Drei Juwelen des Buddhismus zu verstehen sei. Danach – und hierin erkennen wir bereits die lehrhafte Absicht des Verfassers, der seine Figuren als Ideenträger verwendet – ist ein Buddha jemand, dem „Erwachen" *(bodhi)* zuteil geworden ist, und zwar im folgenden Sinne: „Ein Wesen wird ein Buddha, indem es immer wieder durch eigene Anstrengung ... seine Existenz immer weiter erhöht ... Solche Buddhas bedeuten auf der Reise, da sie den Weg zeigen, eine Hilfe." (Übersetzung Fischer, S. 348) Die Lehre sei „der durch Erwachen begehbare Weg, den die Buddhas durch eigenes Denken und eigene Anstrengung erreichen ... ein Boot, in dem man übersetzt und das man danach nicht mehr festhält" (349). Der Buddha überlasse es dem Verstand und der Erfahrung des Menschen, seine Lehre anzunehmen oder abzulehnen. Und die Gemeinde endlich habe ihren Sinn darin, daß sie als Gruppe dem Einzelnen die Hilfe von mehr als einem Verstand und einer Erfahrung zuteil werden lassen kann. Râhul Sânkrityâyan besinnt sich damit auf die urbuddhistischen Grundsätze der Selbsterlösung, der Ethik und des Rationalismus, und er interpretiert sie innerweltlich, also nicht unbedingt nur im religiösen Sinn.

Der Buddha beginnt das Gespräch, indem er den General Simha für sein Mitleid lobt, das er bei einer Schlacht mit dem Gegner gezeigt hat. Im Mittelpunkt der sich daraufhin entspinnenden Unterhaltung steht die Frage, ob die Lehre des Buddha überhaupt eine Religion sei oder nicht, ob man den Buddha als einen Religiosen bezeichnen könne oder ob er als Irreligiöser gelten müsse. Zugrunde liegt dabei die Überlegung, ob der Buddhismus unbedingt einen außerweltlichen Bezug haben müsse, oder ob er auch innerweltlich verstanden werden könne. Es geht also letztlich um die Definition von Religion: Bedeutet Religion in jedem Falle das Streben nach außerweltlichem Heil, oder darf auch innerweltliches Heilsstreben als Religion gelten? Râhul Sânkrityâyan nun läßt in den lehrhaften Formulierungen seines Romans keinen Zweifel daran, daß er die Lehre des Buddha innerweltlich interpretiert.

Den Lehrsatz vom Nicht-Selbst erklärt Sânkrityâyans Romanfigur des Buddha mit dem Hinweis darauf, daß der Mensch als Erwachsener nicht mehr derselbe ist, der einst im Sandkasten gespielt hat. Nichts sei ewig beständig, kein Ding, ob belebt oder unbelebt: „Was ist, das ist entstanden, was entstanden ist, das wird sterben und vergehen ... Ich lehne das Leben nicht ab, General! Doch das Leben ist die Strömung eines Flusses, die jeden Augenblick neu ist ... Ich glaube, daß das Leben sich immer neu wandelt. Ich glaube nicht, daß es so ist, wie die Brahmanen, Wandermönche und andere Ketzer glauben; deshalb nennen sie mich einen Irreligiösen. Aber, General, ich lehne das Leben nicht ab, ich lehne die Möglichkeit, daß das Leben in eine höhere Form eingeht, nicht ab, deshalb sollten die, die Wahrheit über mich sprechen, mich auch einen Religiosen nennen." (351f.) Sânkrityâyan akzeptiert damit den buddhistischen Satz von der Vergänglichkeit aller Daseinsphänomene, den er allerdings innerweltlich verstanden wissen will, auf das Leben bezogen. Und er sagt ausdrücklich, daß er diese Auffassung der buddhistischen Vergänglichkeitslehre als Religion verstanden wissen will. Denn der General Simha fährt fort: „Ich würde sogar sagen, daß im wahren Sinne Sie (Buddha) der Religiose sind. Denn der, der das Leben für ewig unveränderlich hält und damit die Möglichkeit einer Verbesserung (oder: Reform) nicht zuläßt, dessen ,An-das-Leben-Glauben' kommt einem Nicht-Glauben gleich ... Wer die Vorstellung von Beständigem hegt, warum sollte der versuchen, sein Leben zu ändern? Er kann nur ein Fatalist sein, einer, der an die Unwirksamkeit seiner Handlungen glaubt ... Ich habe verstanden, daß der Erhabene ein Realist ist, kein Irrealist; einer, der die Dinge sachlich sieht, kein Träumer!" (352)

Râhul Sânkrityâyan interpretiert den Buddhismus dahingehend, daß er zu einer „Erhöhung des Lebens" führen soll. Jedes Tun und Handeln „wird im Sinne der Lebenszugewandtheit, der Lebenserhöhung verstanden. Religion als Diesseitsbejahung wird zur zentralen These von Sânkrityâyan. Man soll das Beste aus seinem Leben machen, denn ,die Möglichkeit, daß das Leben in eine höhere Form eingeht, ist gegeben'. Hier liegt der Berührungspunkt mit dem Marxismus. Nicht mehr weltflüchtige Askese, sondern Handeln im Sinne der Weltverbesserung wird propagiert." (H. Fischer: *General Siṃha*, 1990, S. 85) Sânkrityâyans These „läßt sich aus den Tendenzen des buddhistischen Modernismus der zwanziger und dreißiger Jahre unseres Jahrhunderts erklären. In modernistisch-buddhistischer Neuauslegung des Nirvâna wird ,das buddhistische Suchen nach Befreiung von politischen und wirtschaftlichen Übeln' uminterpretiert. Der Begriff Nirvâna soll für ein politisches Ziel, ,ein Nirvâna innerhalb dieser Welt' stehen. Es geht also um eine Neudefinition von Religiosität. Religion soll sich nicht mehr mit dem Jenseits *(paraloka)* beschäftigen, sondern mit dem Diesseits: Lebenszugewandtheit, Lebensverbesserung und Lebenserhöhung. Hierin liegt ein Berührungspunkt mit materialistischen (kommunistischen) Weltverbesserungsgedanken." (Ebd., S. 85f.)

Der thailändische Bhikkhu Buddhadâsa im Dialog der Religionen[48]

Biographie. Der Kaufmannssohn Buddhadâsa wurde am 21.5.1906 in der südthailändischen Provinz Surat Thani in der Stadt Chaiya geboren. Sein Geburtsname lautet Nguam Panich. Ordiniert wurde er im Alter von 21 Jahren. Nach einem Studienaufenthalt in Bangkok gründete er in seinem Heimatort das Kloster Wat Suan Môkkhabalârâma („Hain der Erlösungskraft", kurz Suan Môkh) und richtete darin ein Meditations- und Studienzentrum ein, das heute von jährlich mehreren Tausend Gästen besucht wird. Seine lange und intensive Lehrtätigkeit hat sich niedergeschlagen in den Gesammelten Werken, die mittlerweile mehr als 50 Bände umfassen. In immer wieder neuen Variationen vereinigen Buddhadâsas Lehren vor allem drei Gebiete des Buddhismus, nämlich Grundbegriffe des Hînayâna, Philosopheme des Mahâyâna und Elemente des Zen-Buddhismus. In pragmatischer Hinsicht wendet er die Lehren dieser drei religiösen Systeme unter dem Druck politischer Umwälzungen und ökologischer Zerstörung auf die Probleme der heutigen Zeit an. In theologischer Perspektive entwickelt Buddhadâsa synkretistische Deutungen anderer Weltreligionen, vor allem auch des Christentums, und zwar innerhalb des buddhistischen Begriffsystems von Dharma, Leidhaftigkeit, Unbeständigkeit, Leerheit und dem Entstehen in Abhängigkeit.

Wurzelnd in der siamesischen Hînayâna-Tradition nimmt Buddhadâsa die bekannten, traditionellen Hînayâna-Lehren zum Ausgangspunkt, als da sind: die Vier Wahrheiten mit dem Achterweg und den Grundübeln des Ergreifens und des Durstes, der Lehrsatz vom Entstehen in Abhängigkeit, vom Nicht-Selbst, die fundamentale Gleichheit aller Wesen, die drei Kardinalübel Leidenschaft, Haß und Verblendung und dergleichen mehr. Gegen seine Tradition gerichtet verficht er innerbuddhistische Reformen, vor allem sucht er die religiöse Praxis des Sammelns von karmischem Verdienst einzuschränken, Spenden erachtet er als wertlos.

Sozialutopie. In der zweiten Hälfte der siebziger Jahre, einer Zeit des politischen Umbruchs in Thailand, arbeitet Buddhadâsa eine religiös-utopische Soziallehre aus. Seine Utopie von einer sozialistischen Dhamma-Gesellschaft (Dhamma ist die Pâli-Form für Sanskrit Dharma) basiert auf dem urbuddhistischen Axiom von der ursprünglichen Gleichheit aller Wesen. Alle Mitglieder dieser Gesellschaft haben die Irrungen von Ich und Mein aufgegeben, die Illusion von einem Selbst, einem Ich, einer Seele verloren. Alle Individuen leben in ungestörter, ursprünglicher, harmonischer Abhängigkeit im natürlichen Gleichgewicht einer naturbelassenen Umwelt. Diese sozialistische Dhamma-Gesellschaft ist gegründet auf Liebe *(mettâ)*; sie ist nichts anderes als die Ära des Zukunftsbuddha Maitreya. Buddhadâsas praktische Folgerung und Forderung aus diesen Idealen gilt einem umfassenden Weltfrieden.

Einfluß des Zen. Hînayânistische Traditionalisten kritisieren Buddhadâsa wegen seiner Anlehnungen an den Zen-Buddhismus. Mit Vorliebe zitiert er in seinen Predigten und Schriften Zen-Metaphern wie zum Beispiel den erhobenen Zeigefinger oder die hochgezogene Augenbraue, Gesten, welche die letzte Wahrheit symbolisieren, – oder auch das bekannte Kôan vom Ton der einen Hand. Gern verwendet Buddhadâsa – hierin ebenfalls vom Zen beeinflußt – paradoxe Formulierungen wie etwa die folgende: „Wahrer Buddhismus besteht darin zu wissen, wie man erlangt ohne zu erlangen, nimmt ohne zu nehmen, damit es kein Leiden gibt. Das Herz des Budhismus besteht nicht darin zu erlangen, sondern loszuwerden" (wobei das Wortspiel im Englischen zu berücksichtigen ist: not getting things but getting rid of them; *Me and Mine*, S. 148).

Ganz im Geiste des Zen wird Buddhadâsa nicht müde, den Wert der Arbeit zu preisen. Körperliche Arbeit versteht er als Dhamma-Praxis, sie soll verrichtet werden ohne etwas zu ergreifen, es festzuhalten oder sich daran zu klammern. Künstliche philosophische Systeme lehnt er ab, stattdessen betont er den Wert der Praxis. Entsprechend befürwortet Buddhadâsa die „Einsicht nach der natürlichen Methode" („insight by the nature method"), vergleichbar mit dem Satori, dem Erleuchtungserlebnis des Zen, daß sich in der Banalität des Alltäglichen vollziehen kann.

Es kann durchaus vorkommen, daß auch Buddhadâsa das Banale mit einbezieht, um seiner Hörerschaft die Bedeutung etwa des Nirvâna zu verdeutlichen. Nirvâna (Pâli Nibbâna) kann als Partizip Perfekt im Sanskrit auch „erloschen" und dann „abgekühlt" heißen, was Buddhadâsa zu einer Erklärung veranlaßt, die man am besten auf Englisch zitiert: „If curry was very hot and then it ‚nibbâned', they [d.i. die Alten Inder] would say: ‚The curry is ‚nibbâna', so let's eat.'"

Mahâyânistische Umdeutung. Buddhadâsa ähnelt den Mahâyâna-Philosophen darin, daß er Begriffe des Hînayâna-Buddhismus verwendet, ihnen aber einen mahâyânistischen Sinn gibt, – etwa, wenn er auf das Denkschema der niederen und der höheren Wahrheit des Nâgârjuna zurückgreift. Bei Buddhadâsa findet Nâgârjunas Kunstgriff seinen Niederschlag leitmotivartig in den zwei Sprachebenen der Alltagssprache und der „Dhamma"-Sprache, d.h. der mit religiösem Doppelsinn befrachteten Sprache. Was damit gemeint ist, kann vielleicht das folgende Beispiel verdeutlichen. Die Weltreligionen wie Buddhismus, Christentum, Islam und andere sind im Verständnis von Buddhadâsa „im wesentlichen alle dasselbe", oder auch ohne Einschränkung: „Religions are all the same." (154). In dem Sinne ist auch Buddhadâsas Programm „No religion!" zu verstehen, was als Titel eines seiner von den Traditionalisten angegriffenen Essays erscheint. Gemeint ist damit einerseits „No denomination!“, „Keine Konfession!“, weil nämlich die einzelnen Konfessionen wie Buddhismus, Christentum usw. nach Buddhadâsas Auffassung letztlich alle dasselbe meinen. Andererseits bedeutet es aber auch „Keine Religion!“ im Sinne der paradoxen Schlußfolgerung Nâgârjunas, daß „niemals ein Buddha irgend jemandem den Dharma gepredigt hat“, eine Provokation, welche später in der zenbuddhistischen Forderung gipfelte, daß man den Buddha töten soll, wenn man ihn trifft. So verstanden sei Buddhadâsas Motto „No religion!“ – so der Verfasser selbst – eine Formulierung der „Dhamma-Sprache auf höchstem Niveau“. Und als Anlehnung an Nâgârjuna ist es dann auch zu verstehen, wenn Buddhadâsa sagt: „Es gibt keinen Buddha, es gibt keinen Dhamma, es gibt keinen Sangha.“

Die Begründung dafür, daß alle Religionen letztlich dasselbe meinten, ist das mahâyânaphilosophische Axiom, daß die Welt und auch der Dhamma im Grunde leer sind: Dhamma ist leer, wie Buddhadâsa immer wieder betont. Und der Dhamma ist auch kennzeichenlos, denn er kann nichts anderes sein als nur Dhamma. Hier ganz besonders sind die Einflüsse der Mahâyâna-Philosophie Nâgârjunas und Asangas spürbar. In der „Dhamma-Sprache“ Buddhadâsas wird der Dhamma selbst zum Synonym für Gott. Er bezeichnet den Dhamma als höchstes, letztes, monistisches Prinzip, „das Herz aller Religionen“, „die Wahrheit“, „die wahre Natur der Dinge“, „der reine Zustand“, „ohne Selbst“, „ohne Zweiheit“. „Die wahre Natur des Dharma besteht darin, daß es in Wirklichkeit keinerlei Dualität gibt.“ Auch zitiert Buddhadâsa Nâgârjunas Standpunkt, daß es zwischen Sansâra und Nirvâna keinen Unterschied gebe.

Buddhadâsas synkretistische Vorgehensweise wird besonders deutlich an seinem Verständnis des Nirvâna. Er greift dabei einerseits zurück auf die hînayânistische Anschauung: Nirvâna sei die Zerstörung des Prozesses der Wiedergeburt. Man solle sich nicht darum kümmern, was nach dem Tode passiert. Zuerst gelte es, das Problem zu meistern, wie man nicht wieder geboren wird. An anderer Stelle sagt Buddhadâsa hingegen, daß Nirvâna „Leerheit" sei, macht sich also gleichermaßen die mahâyânistische Auffassung zu eigen. Und dann schließlich ist Buddhadâsa durchaus bereit zuzugestehen, Nirvâna sei dasselbe, was Jesus als „ewiges Leben" bezeichnete.

Es handelt sich hier um Synkretismen – nach der Maxime, daß alle Ströme in einen Ozean münden –, wie wir sie ähnlich auch im hinduistischen Neo-Vedânta antreffen, z.B. bei Radhakrishnas Interpretation der Bhagavadgîtâ oder bei Aurobindo. Buddhadâsas Verständnis des buddhistischen Begriffs des „Anhaftens" – alles sei unbeständig, relativ, abhängig vom Moment, deshalb solle man frei werden von jeglicher „Anhaftung" – nähert sich sehr der hinduistischen Auffassung der *anâsakti*, ein Begriff, der beispielsweise in der Bhagavadgîtâ eine zentrale Rolle spielt. Nicht-Anhaften ist, nach Buddhadâsa, der höchste Dhamma, die Wahrheit, das Herz jeder Religion, die Essenz des Dhamma: „Wenn es einen Gott gibt, dann ist er hierin zu finden."

Umdeutung des Christentums im buddhistischen Verständnisrahmen. Es kommen aber nicht nur Anklänge an den Hinduismus vor; Buddhadâsa läßt sich auch immer wieder von christlichen Standpunkten inspirieren. Jesu Lehren zu folgen, bedeute Wiedergeburt. Die Forderung des Paulus, daß „diejenigen, die Ehefrauen haben, so leben sollten, als hätten sie keine, die Trauernden so leben sollten, als trauerten sie nicht, die Jubelnden so leben sollten, als jubelten sie nicht", deutet Buddhadâsa im Sinne der buddhistischen Forderung des Nicht-Anhaftens („nonattachment"), was am leichtesten falle, wenn man die Vorstellung von einem Selbst über Bord werfe –

was freilich dem christlichen Seelenbegriff zuwiderläuft. Dabei legt Buddhadâsa die Bibel im Sinne der Mahâyâna-Philosophie aus. Die Frucht vom Baum der Erkenntnis beispielsweise ist nach Buddhadâsas Erklärung zu verstehen als das Denken in Begriffen der Zweiheit und damit als der Verlust der intuitiv-mystischen Einsicht in die Einheit: Nur dadurch sind Gegensatzpaare möglich wie gut und böse, männlich und weiblich, bekleidet und nackt. „Tod, im Sinne der Erbsünde, findet statt, wenn wir an der Frucht des Dualismus teilhaben. Im selben Moment sterben wir." Buddhadâsa spricht deshalb von der „Erbsünde des dualistischen Denkens."

In solchen Formulierungen verwischen sich letztendlich die Grenzen zwischen den religiösen Standpunkten, und hier endet auch die Arbeit des Religionsgeschichtlers. Er kann zwar Einflüsse registrieren, historisch einordnen und klassifizieren, er trifft aber nichts Neues, Eigenständiges, Originelles mehr an. An diesem Punkte beginnt jedoch die Arbeit des gläubigen Praktikers, auch die des Theologen, insbesondere des Religionstheologen. Sie werden in Predigermönchen wie Bhikkhu Buddhadâsa einen aufgeschlossenen und diskussionsfreudigen Gesprächspartner im Dialog der Religionen finden. Der Buddhismus als eigenständige, bei alledem faszinierend vielschichtige und auch heute noch in ihrer Bedeutung für die Menschheitskultur stets anwachsende Weltreligion wird dieses Gespräch in vielerlei Hinsicht befruchten können.

Anmerkungen

[1] Vgl. U. Schneider: *Einführung in den Buddhismus*, ^{2}1987, S. 21.

[2] Von den zahlreichen bereits vorhandenen Buddhismusdarstellungen sind empfehlenswert U. Schneider: *Einführung in den Buddhismus*, ^{2}1987, als Einführung in die wissenschaftliche Problematik und das orientalistisch-philologische Handwerkszeug; für eine religionswissenschaftlich fundierte Auseinandersetzung unverzichtbar sind auch A. Bareau: *Der indische Buddhismus*, 1964, und D. Schlingloff: *Die Religion des Buddhismus*, 1962-1963; eine umfassende Material- und Quellensammlung zur älteren Zeit bietet É. Lamotte: *Histoire du bouddhisme Indien*, 1958.

[3] Vgl. zum Folgenden K. Meisig: *The Buddhist Ideal of an Equal Society. On the Structure of the Buddhist Cosmogony*. In: *Mitteilungen für Anthropologie und Religionsgeschichte*, Bd. 9. *In memoriam Alfred Rupp (1930-1993)*. Münster 1994, S. 239-255.

[4] Vgl. K. Meisig: *Das Kastensystem des Hinduismus*. In: *Wer ist mein Nächster? Die Antwort der Weltreligionen*, hrsg. v. Adel Th. Khoury und Peter Hünermann (Herder Taschenbuch, Bd. 1512), Freiburg, Basel, Wien 1988, S. 11-58. Immer noch die beste Einführung in die Grundlagen des indischen Kastensystem bietet J.H. Hutton: *Caste in India. Its Nature, Function, and Origins*. Oxford University Press: London, Bombay ^{3}1961. Die Standardmonographie zur buddhistischen Haltung zum Kastensystem ist die von Richard Fick: *Die sociale Gliederung im nordöstlichen Indien zu Buddha's Zeit. Mit besonderer Berücksichtigung der Kastenfrage. Vornehmlich auf Grund der Jātaka dargestellt*. Kiel 1897.

[5] Hierüber vor allem Wilhelm Rau: *Staat und Gesellschaft im Alten Indien. Nach den Brâhmana-Texten dargestellt*. Wiesbaden 1957.

[6] 中阿含經 Zhōng-ē-hán-jīng, Madhyamâgamasûtra, Taishô-Ausgabe, I 674b15ff. Siehe K. Meisig: *Das Sūtra von den vier Ständen. Das Aggañña-Sutta im Licht seiner chinesischen Parallelen* (*Freiburger Beiträge zur Indologie*, Bd. 20). Wiesbaden 1988, S. 105ff.

[7] Vgl. zum Folgenden auch Kulke, Hermann: *Die historischen Ursprünge der indischen Achsenzeit*, in: S.N. Eisenstadt (Hrsg.): *Kulturen der Achsenzeit. Ihre Ursprünge und ihre Vielfalt*. Frankfurt a.M. ⁶1992, bes. S. 225f.

[8] 長阿含經 Cháng-ē-hán-jīng, Dîrghâgamasûtra, Taishô I 82b16ff.

[9] Vgl. K. Meisig: *Das Sūtra von den vier Ständen*, 1988, S. 75ff.

[10] Das Folgende ist zitiert nach K. Meisig: *Zur Entritualisierung des Opfers im frühen Buddhismus*. In: *Mitteilungen für Anthropologie und Religionsgeschichte*, Bd. 7: *Ritual und Existenz. Gottesweg und Menschenweg*, Teil 1. Vorträge der 21. Studientagung der Deutschen Religionsgeschichtlichen Studiengesellschaft in Münster (Hrsg. Alfred Rupp. Homo et Religio, Verlag der Forschungsgruppe für Anthropologie und Religionsgeschichte) Saarbrücken 1992, S. 213-222.

[11] Cháng-ē-hán-jīng, Taishô I 83a15 ff.

[12] Zahlreiche Beispiele zur neuesten Zeit finden sich bei R. Gombrich /G. Obeyesekere: *Buddhism Transformed, Religious Change in Sri Lanka*. Delhi, repr. 1990.

[13] U. Schneider: *Einführung in den Buddhismus*, ²1987, 40f.

[14] Man vergleiche zum Beispiel auch D. Schlingloff: *Die Religion des Buddhismus*, besonders Bd. I, S. 104f.

[15] Siehe K. Meisig: *Buddhismus und Wunderglaube*. In: *Jahrbuch für Religionswissenschaft und Theologie der Religionen*, Bd. 1. Herder: Freiburg, 1993, S. 72-89. K. Meisig: *On the Precanonical Shape of the Kevaddha-sutta as Compared with the Kien-ku-king*. In: *Premier Colloque Étienne Lamotte (Bruxelles et Liège 24-27 septembre 1989)*, Publications de l'Institut Orientaliste de Louvain 42. Université Catholique de Louvain, Institut Orientaliste Louvain-La-Neuve, 1993, S. 63-70.

[16] 雜阿含經 Zá-ē-hán-jīng, Samyuktâgama, Taishô-Ausgabe, Bd. 2, 7c13-8a4. Ich zitiere diese weniger bekannte Fassung aus dem zweiten Kapitel der chinesischen „Kanonischen Tradition der Predigten unterschiedlichen Inhalts". Dem entspricht im Pâli-Kanon Samyutta-Nikâya 22.59.62.

[17] 我 *wǒ*, wörtl. „das Ich", für Pâli *(an-)attâ*, „(Nicht-) Selbst".

[18] Das eben unterscheidet den Körper vom „Selbst", das er nämlich der Veränderung unterworfen ist. Deshalb besteht die Möglichkeit,

ihn zu manipulieren, sein Aussehen zu verändern, und überhaupt auch in dieser Hinsicht Wünsche zu hegen, wie der eigene Körper aussehen und beschaffen sein soll. Wäre er so unveränderlich wie das Selbst, wäre es sinnlos, Veränderungen des Körpers herbeizuwünschen.

[19] 箭喻經 Jiàn-yù-jīng, aus dem 中阿含經 Zhōng-ē-hán-jīng, Madhyamâgama (MÂ), T I 804a21-805c9 ≠ Cûla-Mâlunkyasutta, Majjhimanikâya (MN) Nr. 63, I 426^6-432^4. Ich zitiere dieses bislang nicht übersetzte „Sûtra mit dem Pfeilgleichnis" der chinesischen „Kanonischen Texte der Mittellangen Tradition" (eine chinesische Parallele in Taishô I 917b-918b).

[20] Die folgenden Beispiele sind dem Kassapasīhanādasutta entnommen, Dîghanikâya Nr. 8, Bd. I, S. 166ff., vgl. die Übersetzung von Franke, S. 135ff.

[21] Vgl. dazu das Udumbarikasīhanādasutta, Dîghanikâya III, S. $42^{17ff.}$.

[22] Die folgenden Beispiele sind zitiert aus H.v. Glasenapp: *Pfad zur Erleuchtung*, 1974, S. 86-88.

[23] Samyuttanikâya 35,28, Übersetzung H.v.Glasenapp: *Pfad zur Erleuchtung*, 1974, S. 44f.

[24] Chinesischer Dîrghâgama, 94a-96c ≠ Dîghanikâya I 111ff. Eine Übersetzung der chinesischen Fassung habe ich gegeben in: *Chung Têh King – The Chinese Parallel to the Soṇadaṇḍa-sutta*. In: V.N. Jha (Hrsg.): *Kalyāṇa-mitta: Professor Hajime Nakamura Felicitation Volume*. Delhi 1991, S. 51-62; diese Übersetzung ist durch Druckfehler so sehr entstellt, daß der interessierte Leser sich wegen der korrigierten Version direkt an den Verfasser wenden möge. Eine textkritische Analyse der Lehrrede findet sich in K. Meisig: *A Stratification of the Śoṇatāṇḍyasūtra*. Im Druck für die Festschrift für Manfred Taube.

[25] Vgl. dazu K. Meisig: *Sheng Tao King. Die chinesische Fassung des Mahācattārīsaka-Sutta*. In: *Hinduismus und Buddhismus – Festschrift für Ulrich Schneider*, hrsg. v. Harry Falk. Freiburg 1987, S. 220-248.

[26] Ich zitiere die Übersetzung der Pâli-Fassung von Nyānaponika: *Geistestraining durch Achtsamkeit. Die buddhistische Satipaṭṭhāna-Methode*. Konstanz, Verbesserte Aufl. 1975, S. 170ff. Die chinesische Version ins Englische übersetzt: *Nien Chu King. „The Dis-*

course on the Foundations of Mindfulness" (Nien Chu Ching) [MĀ Nr. 98], Translated from the Chinese Tripitaka by Bhikkhu Saddhāloka, in: *Visakha Puja* 1968 (B.E. 2511), S. 97-109. Zur Textgeschichte vergleiche man Schmithausen, Lambert: *Die Vier Konzentrationen der Aufmerksamkeit. Zur geschichtlichen Entwicklung einer spirituellen Praxis des Buddhismus*. In: *Zeitschrift für Missions- und Religionswissenschaft*, Jg. 60, Heft 4, 1976, S. 241-266.

27 Cûlahatthipadopamâsutta, Majjhimanikâya I, S. 175ff. Wie eine große Elefantenfußspur auf einen gewaltigen Elefanten schließen läßt, so erkennt man auch einen großen Religionslehrer an seinen „Spuren", nämlich seinen Predigten.

28 Eine religionsgeschichtliche Analyse dieses Lehrsatzes gibt U. Schneider: *Einführung in den Buddhismus*, ^{2}1987, S. 103ff.

29 Das Folgende ist zitiert nach K. Meisig: *Meditation (dhyāna) in der ältesten buddhistischen Lehre*. In: Ludwig Hagemann/ Ernst Pulsfort (Hrsg.): *Ihr alle aber seid Brüder, Festschrift für A. Th. Khoury zum 60. Geburtstag*. Würzburg, Altenberge 1990, S. 541-554. Dort auch eine Synopse der Originaltexte.

30 Ich lege auch hier den Wortlaut der Fassung zugrunde, die in der chinesischen Sammlung der kanonischen Lehrtexte der langen Tradition überliefert ist. Eine Synopse mit ausführlicher text- und religionsgeschichtlicher Analyse findet sich in K. Meisig: *Das Śrāmanyaphala-Sūtra. Synoptische Übersetzung und Glossar der chinesischen Fassungen verglichen mit dem Sanskrit und Pāli (Freiburger Beiträge zur Indologie*, Bd. 19). Wiesbaden 1987, S. 39-80, 188-357.

31 Buddhaghosa: *Visuddhimagga*, S. 602, 513, Übersetzung von Glasenapp, S. 74.

32 Zum Thema Frau und Buddhismus seien die folgenden Werke genannt: I.B. Horner: *Women under Primitive Buddhism*. London 1930; D.Y. Paul: *Die Frau im Buddhismus. Das Bild des Weiblichen in Geschichten und Legenden*. Hamburg 1981. R. Pitzer-Reyl: *Die Frau im frühen Buddhismus*. Berlin 1984.

33 Literatur zu den Grundlehren des Mahāyāna: U. Schneider: *Einführung in den Buddhismus*, ^{2}1987, S. 177-193. H.W. Schumann: *Mahāyāna-Buddhismus: die zweite Drehung des Dharma-Rades*, München 1990; H. W. Schumann: *Buddhismus – Stifter, Schulen und Systeme*, ^{2}1978, S. 125-174. A. Bareau: *Der indische Buddhismus*, 1964, S. 120-172. – Texte in Übersetzung: H.v. Glasenapp:

Pfad zur Erleuchtung, 1974, S. 127-198. P. Pfandt: *Mahāyāna Texts Translated into Western Languages. A Bibliographical Guide*, 1986.

[34] Zitiert nach Meisig, Marion: *König Śibi und die Taube. Wandlung und Wanderung eines Erzählstoffes von Indien nach China*. Typoskript, S. 81.

[35] Vor allem in der „Ausführung über das Schmuckkästchen", Kârandavyûha, einem späten Mahâyânasûtra, das vorwiegend Legenden zum Lobpreis von Avalokiteshvara enthält.

[36] Nach É. Lamotte: *L'enseignement de Vimalakīrti (Vimalakīrtinirdeśa)*, Louvain 1962, S. 70-77.

[37] MMK (=Nâgârjunas Mûlamadhyamakakârikâ) 22.12-14.16. Die Übersetzungen aus Nâgârjunas Mûlamadhyamakakârikâ sind mit Einverständnis der Verfasser zitiert aus *Der Mittlere Weg. Die Mūlamadhyamaka-Kārikās des Nāgārjuna. Die grundlegenden Verse zur Madhyamaka-Lehre*. Aus dem Sanskrit übersetzt und mit Anmerkungen versehen von Bernhard Weber. Einführungen von Dieter M. Back und B. Weber. Unveröffentlichter Probeausdruck März 1994.

[38] Pâli *yam kiñci samudaya-dhammam sabbam tam nirodha-dhammam*, Vin I, S. 11 (=Mahâvagga I 16).

[39] Das Bild ist bereits aus dem Hīnayāna bekannt, siehe Majjhimanikâya I 135[23f.].

[40] Vgl. zum folgenden A. Bareau: *Der indische Buddhismus*, 1964, S. 162ff.

[41] Siehe dazu Schmithausen, Lambert: *Ālayavijñāna. On the Origin and the Early Development of a Central Concept of Yogācāra Philosophy*. Part I: Text. Part II: Notes, Bibliography and Indices. Tokyo 1987.

[42] Eine religionsgeschichtliche Darstellung mit umfangreicher Materialdokumentation bietet Dumoulin, Heinrich: *Geschichte des Zen-Buddhismus*. Band I: Indien und China. Bern, München 1985. Band II: Japan. Bern 1986. Eigenen Quellenwert als Darstellung eines gläubigen Buddhisten besitzt das Standardwerk von Suzuki, Daisetz Teitaro: *Die große Befreiung. Einführung in den Zen-Buddhismus*. Mit einem Geleitwort von C.G. Jung (Fischer Taschenbuch 1666). Frankfurt 1975, ebenso wie seine bekannten Essays. Vergleiche mit dem Christentum zieht vor allem Enomiya, Hugo

M.: *Zen-Buddhismus*. Köln 1966. Ein anschaulicher Erfahrungsbericht eines westlichen Adepten in Japan ist das Büchlein von Herrigel, Eugen: *Zen in der Kunst des Bogenschießens*. München-Planegg [6]1956.

[43] Zitiert nach Dumoulin: *Geschichte des Zen-Buddhismus*, I, 1985, S. 89f.

[44] Standardwerke: Glasenapp, Helmuth von: *Buddhistische Mysterien. Die geheimen Lehren und Riten des Diamant-Fahrzeugs*. Stuttgart 1940. Wayman, A.: *The Buddhist Tantras. Light on Indo-tibetan Esoterism*. New York 1973.

[45] Literatur: Schulemann, Günther: *Geschichte der Dalai-Lamas*. Leipzig 1958. Hoffmann, Helmut: *Die Religionen Tibets*. Freiburg 1956. Tucci, G. /Heissig, W.: *Die Religionen Tibets und der Mongolei* (*Die Religionen der Menschheit*, 20). Stuttgart 1970.

[46] Literatur zum Neobuddhismus in Südostasien und Sri Lanka: Bechert, Heinz: *Buddhismus, Staat und Gesellschaft in den Ländern des Theravāda-Buddhismus*. Band I: Grundlagen. Ceylon (Sri Lanka). Mit einem Register versehener, unveränderter Nachdruck der Ausgabe von 1966. Göttingen 1988. Bd. II: Birma, Kambodscha, Laos, Thailand. Wiesbaden 1967. Bd. III: Bibliographie, Dokumente, Index. Wiesbaden 1973. Gombrich, Richard /Obeyesekere, Gananath: *Buddhism Transformed. Religious Change in Sri Lanka* (*Buddhist Traditions*, vol. 8). Reprint Delhi 1990 ([1]1988). Zum Neobudddhismus in Indien ab 1891: Ling, Trevor: *Buddhist Revival in India. Aspects of the Sociology of Buddhism*. London 1980. Ahir, D.C.: *Buddhism in Modern India*. Delhi 1991. Ahir, D.C.: *The Pioneers of Buddhist Revival in India*. Delhi 1989. Zu den synkretistischen „Neuen Religionen" Japans vgl. die Artikel von Peter Gerlitz in H. Gasper /J. Müller /F. Valentin (Hrsg.): *Lexikon der Sekten, Sondergruppen und Weltanschauungen. Fakten, Hintergründe, Klärungen* (Herder-Spektrum, Bd. 4271). Herder: Freiburg, Basel, Wien [4]1994 (verb., [1]1990). Strömungen und Organisationen der buddhistischen Bewegung in Deutschland verzeichnen Notz, Klaus-Josef: *Der Buddhismus in Deutschland in seinen Selbstdarstellungen*. Frankfurt, Bern, New-York 1984, S. 27-110, und Baumann, Martin: *Deutsche Buddhisten. Geschichte und Gemeinschaften*. Diagonal: Marburg 1993; Hecker, Hellmuth: *Chronik des Buddhismus in Deutschland*. Plochingen [3]1985, erw. Aufl.- Zum Neobuddhismus in England siehe Almond, Philip C.:

The British Discovery of Buddhism. Cambridge University Press: New York 1988; The Buddhist Society (Hrsg.): *The Buddhist Directory*. Buddhist Society Publications: London [5]1991, und den Artikel *Britain* in der *Encyclopaedia of Buddhism*.

[47] Diese und die folgenden Angaben und Zitate nach Fischer, Hildegard: *General Siṃha. Interpretation und Übersetzung eines historischen Romans von Rāhul Sāṃkṛtyāyan* (*Freiburger Beiträge zur Indologie*, Bd. 25). Wiesbaden 1990.

[48] Buddhadāsa: *Me and Mine. Selected Essays*. Edited and with an Introduction by Donald K. Swearer (*Suny Series in Buddhist Studies*, Ed. Kenneth K. Inada). State University of New York Press: Albany 1989. Jackson, Peter A.: *Buddhadasa – A Buddhist Thinker for the Modern World*. The Siam Society: Bangkok 1988. Gabaude, Louis: *Une herméneutique Bouddhique contemporaine de Thaïlande: Buddhadasa Bhikkhu*. Ecole Francaise D'Extreme-Orient: Paris 1988.

Literaturhinweise

Hier ist nur die allgemeine Literatur angeführt. Spezialliteratur zu den einzelnen Sachgebieten wie etwa über Mahâyâna oder Zen-Buddhismus ist in den Anmerkungen verzeichnet.

Einführungen und Gesamtdarstellungen

Schneider, Ulrich: *Einführung in den Buddhismus*. Darmstadt ^{2}1987 (^{1}1980).

Bareau, André: *Der indische Buddhismus*, in: *Die Religionen Indiens III, Buddhismus – Jinismus – Primitivvölker* (=*Die Religionen der Menschheit*, Bd. 13). Stuttgart 1964, S. 1-215.

Schlingloff, Dieter: *Die Religion des Buddhismus*. I: *Der Heilsweg des Mönchstums*. II: *Der Heilsweg für die Welt*. (=Sammlung Göschen, 174, 770) Berlin 1962, 1963.

Schumann, Hans Wolfgang: *Buddhismus – Stifter, Schulen und Systeme*. Olten und Freiburg i. Br. ^{2}1978, Neuausgabe Diederichs Gelbe Reihe, Bd. 99, München 1993.

Bechert, Heinz /Gombrich, Richard (Hrsg.): *Die Welt des Buddhismus*. München 1984.

Lamotte, Étienne: *Histoire du bouddhisme Indien, des origines à l'ère Śaka*. Louvain 1958. Englische Übersetzung: *History of Indian Buddhism*. Louvain-la-Neuve 1988.

Back, Dieter /Sonn, Wolfgang: *Buddhismus* (*Weltreligionen heute*, hrsg. v. Kurt Bätz). Zürich, Köln 1983.

Buddhistische Grundtexte in Übersetzungen

Glasenapp, Helmuth von: *Pfad zur Erleuchtung. Buddhistische Grundtexte (Diederichs Gelbe Reihe)*. Neuausgabe Köln 1974 (^{1}1956).

Seidenstücker, K.: *Pâli-Buddhismus in Übersetzungen. Texte aus dem buddhistischen Pâli-Kanon*. München Neubiberg ^{2}1923.

Conze, E.: *Im Zeichen Buddhas. Buddhistische Texte (Fischer Bücherei* 144). Frankfurt a.M. 1957.

Franke, R. Otto: *Dîghanikâya. Das Buch der langen Texte des buddhistischen Kanons.* In Auswahl übersetzt (Quellen der Religionsgeschichte, Bd. IV). Göttingen, Leipzig 1913.

Schmidt, Kurt: *Buddhas Reden. Majjhimanikâya. Die Sammlung der mittleren Texte des buddhistischen Pâli-Kanons.* In kritischer, kommentierter Neuübertragung. Berlin 1978.

Nyânatiloka: *Die Lehrreden des Buddha (Anguttaranikâya).* Revidiert von Nyânaponika. 5 Bde., Köln 1969.

Frauwallner, Erich: *Die Philosophie des Buddhismus.* Berlin 1956.

Buddha für Christen. Eine Herausforderung. Einleitung von Erhard Meier, Textauswahl von Adel Theodor Khoury (*Herderbücherei* 1303). Freiburg, Basel, Wien 1986.

Enzyklopädien und Bibliographien

Encyclopaedia of Buddhism, Hrsg. G.P.Malalasekera, vol. 1 ff. Colombo 1961ff.

Hōbōgirin. Dictionaire encyclopédique du bouddhisme d'après les sources chinoises et japonaises, Hrsg. S. Lévi, J. Takakusu, P. Demiéville, Fasc. 1ff., Tōkyō, Paris 1929ff.

Nyanatiloka: *Buddhistisches Wörterbuch.* Konstanz ^{2}1976.

Bibliographie bouddhique. 1-32, Paris 1930-1967.

Hanayama, Shinshō: *Bibliography on Buddhism.* Tōkyō 1961.

Beautrix, Pierre: *Bibliographie du Bouddhisme.* Vol. I, Bruxelles 1970.

Nakamura, Hajime: *Indian Buddhism. A Survey With Bibliographical Notes.* Tōkyō 1980.

Regamey, C.: *Buddhistische Philosophie (Bibliographische Einführungen in das Studium der Philosophie* 20/21), Bern 1950.

Pfandt, Peter: *Mahâyâna Texts Translated into Western Languages. A Bibliographical Guide.* On Behalf of the Religionswissenschaftliches Seminar der Universität Bonn. E.J. Brill: Köln 1986 (rev., with supplement).

Zeittafel

ca. 500-350 bis 250 v.Chr.	Ursprung des Buddhismus präkanonischer Buddhismus in Nordindien, Archetypus der Lehrtexte und Ordensregel
um 250	Ashoka-Missionen, Hînayâna breitet sich über Asien aus
89-77 v.Chr.	schriftliche Aufzeichnung des Pâli-Kanons in Ceylon
1. Jh. v.Chr.	Entstehung des Mahâyâna
65 n.Chr.	Buddhismus erstmals in China bezeugt
um 100 n.Chr.	Ashvaghosha, Mahâyâna-Dichter
um 275	Nâgârjuna, Mahâyâna-Philosoph
um 300	Hînayâna-Buddhismus in Vietnam, Kambodscha und Indonesien
350-1050	Siegeszug des Buddhismus in China
5. Jh.	Hînayâna-Buddhismus in Burma
522	Buddhismus in Japan
526 (trad.)	Gründung des Zen-Buddhismus in China durch Bodhidharma
7. Jh.	(trad. 632) Buddhismus in Tibet
7. Jh.	Hînayâna in Thailand, Mahâyâna in Burma
Ende 7. Jh.	Aufblühen des buddhistischen Tantrismus in Indien
8. Jh.	Tantrismus in China und Tibet, Lamaismus
um 1000	Niedergang des Buddhismus in Indien
10.-14. Jh.	Blütezeit des Buddhismus in Korea
13. Jh.	tibetischer Lamaismus in der Mongolei
1898	Entdeckung der Reliquien des historischen Buddha

Register